ラジオ法話

親鸞
正信偈

土岐　慶正
Doki Keisho

永田文昌堂

「正信偈」現代語訳（試訳）

ここに私（親鸞）は、「私を念じておられる仏の行《ぎょう》を正しく信ずる偈（うた）」を作りました。

ナモアミダブツ。永遠の仏よ！

私の命は今、量りなき寿《いのち》に生かされ、智慧の光に呼び覚まされました。私はここに、あなたの無量寿なる願いに、不可思議なる光に、帰命し信順いたします。

これから私に、ナモアミダブツのいわれについて語らせてください。あなたは、菩薩という人間的な姿を示して、私たちにその広大なお心を物語ってくださいました。

遥かなる昔、国王であるがゆえに、力がこの世を支配すると思っていたあなたは、世において自在に輝く〝世自在王〟と呼ばれる仏さまに出会い、その説法に感動し、国を棄《す》て王を捐《す》て世俗の力のすべてを捨てて、〝法蔵〟という求道者になられました。

そして、すべての人が幸せになれる優れた仏国土をつくりたいと願い、様々の仏さまの世界の成り立ちや、その国の人々の善悪の姿を見極めて、さらにまた誰しもが生まれることができる国にしたいと、大いなる願いをたてられたのでありました。

その願いの数は48通りにもなり、その誓いを成就するために、五劫《ごこう》という計り知れない時が流れました。思惟《しゆい》に思惟を重ね、誓いの根本は「名声《みょうしょう》」（ことば）になるということでありました。即ち、ナモアミダブツの名となり声となって、人々を目覚ましめ、苦悩から救い、やがて仏国土に導かんと重ねて誓われたのであります。

あなたの名声（呼び声）は、今や光明となって成就され、至るところに輝き響き渡っています。量りなく、果てしなく、障りなく、並ぶものなく、炎のように燃えて闇を破ります。清らかでよろこびに満ち、深い智慧を輝かせます。絶えることのない、思いを超えた称《たた》えようもない光明は、日や月よりも明るく、世界の隅々を照らし、生きとし生けるものの命を輝かせています。

さて、そのなかでも、あなたが17番目に誓われた本願の名号（ナモアミダブツ）は、諸仏方がほめたたえておられ、私たちが仏さまの世界に生まれて往く道を正しく定めてくださるものでした。

その道は、18番目に誓われた、諸仏方がほめたたえておられる仏のまことの心（信心）を、私たちがいただくことによって実現されるのでありました。

私に仏のようなまことの心が起こり、やがてさとりの世界に至ることができるのは、私の力によってではなく、必ずさとりに至らせようという、あなたの11番目の願いが成就しているからでありました。

思えば、お釈迦さまがこの世に出現してくださったのは、ただひとえに海のように果てしなく、広く深い阿弥陀仏の本願を説くためでありました。

世も人も濁った悪い時代のなかにあって、迷いの海に溺れている私たちは、まさに如来が私たちを呼び覚ましておられる真実の言葉に耳を傾け、阿弥陀仏の世界に生まれて往くべき時であります。

そもそも、本願を信じ喜ぶ心が、ひとたびわが身に起こるとき、煩悩を断たなくても、仏のさとりの智慧を得ることができるのです。

凡夫も聖者も、また仏の教えに逆らう人も、本願を信じ己にとらわれる心をひるがえすならば、様々な川が大海に入って一つに溶け合うように、みな等しく救われるのです。

それはまた、こういうことです。摂め取って捨てない仏の光は、常に私たちを照らし護ってくださっています。すでに本願の力によって無明の闇は破れたのですが、私たちの貪りや怒りや憎しみの煩悩が、雲や霧のようになって、彼方からの仏の真実の働きを覆っています。
しかし、それはそれでいいのです。たとえ日光が雲や霧に覆われていても、雲の下は真っ暗な闇ではないように、仏さまの光は私たちをしっかり包んでくださっているのです。

仏のまことの心を獲ることができれば、敬うものが見い出されて、大いなるよろこびに満たされます。そのときただちに、いくつもの迷いの在りようが断ち截《き》られ、本願に生きるものとなるのです。

善し悪しに縛られているどんな愚かなものでも、かならず救うという阿弥陀如来の誓願の心を、わがこととして聞き信ずることができれば、お釈迦さまはその人を、よく理解できた智慧ある人だと讃えられました。
そして、この人を泥の中にありながら、濁りに染まらない清らかな花を咲かせる分陀利華《ふんだりけ》（白蓮華《びゃくれんげ》）のようだと名づけられました。

阿弥陀仏の成就された本願念仏は、自分の考えに閉ざされて、おごり高ぶる者にとっては、それを信じ目覚めて生きるということはとても困難なことです。しかし、いま私はかたじけなくも如来のまことの心をいただくことができました。

難しい中にも、これほど難しいことはなかったかもしれません。

思えば、お釈迦さまがお説きになった本願念仏の教えは、遠く西の空なるインドの龍樹《りゅうじゅ》・天親《てんじん》という智慧深き菩薩や、中国の曇鸞《どんらん》・道綽《どうしゃく》・善導《ぜんどう》という高僧方によって受け継がれ深められ、そして日本の源信《げんしん》・源空《げんくう》（法然上人）のもとに伝えられました。

これらの方々は、お釈迦さまがこの世に生まれられた意義を明らかにし、阿弥陀如来の誓いが人々のどんな現実の問題にもかなうものであることを示してくださいました。

これからその7人の高僧方のことを述べていきます。まず、お釈迦さまが楞伽山《りょうがせん》という山におられて説法されたときに、聴衆に予告をされました。私が亡き後、南インドに龍樹という偉大な菩薩が現れて、有見・無見という偏った考えを、ことごとく打ち砕くであろう。そして、この上ない大悲の教えを説き、さとりの喜びの境地に達して、人々とともに阿弥陀仏の浄土に生まれて往くであろう、と仰せになりました。

龍樹菩薩はさとりの世界への道は二つあり、陸路を一人自力で歩いて行く苦しい難行ではなく、皆と一緒に船に乗り、信心の帆を挙げて本願の力に任せて進んで行く易行《いぎょう》の道をすすめられました。

そして、この阿弥陀仏が成就された本願のお心を忘れず憶《おも》い念ずるならば、自然《じねん》のはたらきによって、即座に、必ずさとりを開く身に定まって（正定聚《しょうじょうじゅ》）、迷いの境地に退かない者になるといわれました。

これは今を生きるものの大いなる喜びです。それゆえに常に如来の名号（みな）を称えることを以て、大いなる悲願の恩恵に応えねばならないと教えてくださいました。

次に出られた天親菩薩は「浄土論」を著わされて、私は一心《いっしん》に碍《さまた》げなき光の如来に帰命します、と表明されました。そして、お釈迦さまの説かれた真実とは、私たちの迷いを一気に横ざまに超えさせる、如来の大いなる誓願の力にあることを明白に示されました。

私に向けて働いているこの本願の力を、二心《ふたごころ》なくいただく一心（まことの信心）に立つ仏道をあきらかにされたのでした。

さらにまた、大きな宝の海のような本願の世界に帰入すれば、そのときに、あたかも浄土に集まっている聖者の数の中に、私も仲間入りさせてもらうということになるとされました。

やがて、煩悩の汚れに染まらない蓮華のような世界である仏の国に生まれることになれば、ただちに仏の利他の力を身に受けて、今度は煩悩にまみれた迷いの世界に自在にかたちを現して、まるで林や園に遊ぶかのように人々を呼び覚まし導き続ける身となるのです、と説かれたのでした。

次の中国の曇鸞大師は、当時の梁《りょう》の国の国王が、常に大師のおられるところに向かって、菩薩と敬い礼拝《らいはい》されたといわれています。

インドから三蔵（経・律・論）を伝えた菩提流支《ぼだいるし》という人に出会って、浄土の経論を授かり、それまで信じていた長生不死を説く仙経《せんぎょう》を惜しげもなく焼き捨てて、浄土の教えに帰入されました。

そして、天親菩薩の「浄土論」を註釈し、真実の浄土（報土《ほうど》）に生まれる因も果も、自らの力によるのではなく、すべて如来の誓願の力に基づくことを明らかにされました。

浄土に往き仏になるということは、浄土から迷いのこの世に還ってきて、如来の利他行に生きるものになるということでした。（天親）本願の回向の力によって、浄土への往還《おうげん》の仏道が示されたのです。その力に催されて歩む浄土への道は、如来の回向に頷くまことの信心一つによって定まるのであると押さえられました。

今は惑いに染まった凡夫の私ですが、その私に如来のまことの心が起こってくれば、生死に執らわれている己の迷いの姿が見えてくることになり、それがそのまま、さとりの智慧にふれる体験になるということができるでしょう。

そしていよいよ、量り知れない光の浄土に生まれることになれば、あらゆる人々を導くことになるだろう、と結ばれました。

次の道綽禅師は、末法の今、難行・自力の聖者の道では、さとりを得ることはとても難しく、ただ弥陀の本願を信じて浄土に生まれて往く易行・他力の道しかないことを明らかにされました。

よろずの善根を積む自力の行を脇に置き、もっぱら功徳に満ちた仏の名号を称えよ、とすすめられました。

そして、本願への他力の信と自力の不信のありようを丁寧に諭《さと》し、仏教が形ばかりになり滅びる時代になっても、本願の心は変わらずに人々を救い続けていくであろう。

たとえ一生の間、悪を造る者も弥陀の誓いに出遇えば、いのち安らぐ世界（浄土）に至り、まことのさとりを開くであろう、とはげまされました。

さて、善導大師に来ました。あなただけが「観無量寿経」に説かれたお釈迦さまの真意をくみ取って明らかにされました。仏法を踏みつけにする極悪な人はもちろん、それなりに善行に励む人も、さらには心を静めて浄土を想うことができる立派な人でさえも、ともに凡夫であることを哀《かな》しまれました。

そんな私たちですが、本願の名号を聞き称え、智慧の光に遇うならば、それが因となり縁となり、まことの信心として結実し、本願の大きな智慧の海のなかに帰入することができるとされました。

本願の大いなる世界のなかに生きんとする者は、何ものにも壊されない金剛の信心を如来から正しく受けて、この上ないよろこびに満たされてきます。

そのよろこびが仏の心と一つになったとき、その昔、絶望のどん底でお釈迦さまの教えに出会った韋提希夫人《いだいけぶにん》と同じように、よろこびと悟りの智慧と仏の力を得て、永遠のいのちを生きる楽しみを得るのです、と教えてくださいました。

次の日本の源信僧都（和尚《かしょう》）は広くお釈迦さま一代の教えを開いて、ひとえにいのち安らぐ浄土を願えと、すべての人にすすめられました。

そして、念仏を専ら称えて本願に生きる心は、如来に通じる心であるがゆえに深く、まことの浄土（報土）に生まれることになる。しかし、あれこれと自力を雑《まじ》えることになれば、その心は人間の心ゆえに浅く、疑いに覆われた片隅の浄土（仮土《けど》）に生まれることになると、純粋な本願念仏の心に立ち返る必要を説かれました。

また、極めて罪の重い悪人は、ただ阿弥陀仏の名を称えるほかに救われる道はありません。私もまた、阿弥陀仏の光の中に摂《おさ》め取られているのですが、煩悩が私の眼をさえぎって、恵みの光を見ることができません。

しかしながら、見ることができないけれども、弥陀の大悲は私の煩悩をとらえて、常に我が身を照らしてくださっています、と信心のよろこびを述べられました。

最後に私のよき師である源空（法然）上人は、ナモアミダブツの念仏は阿弥陀仏自らによって選ばれたものであること。それゆえに、すべての人々を救うものであることを明らかにされました。

また、善きことをなす人も、悪きことを繰り返す人も、ともに煩悩を抱えた凡夫であることを深く愍《あわれ》んで、浄土を真の宗《むね》とする教えを、世界の片端である日本において確立されました。如来によって選び抜かれた本願の念仏は、究極の仏教のかたちゆえに、その教えはこの悪世にどんどん広まっていきました。

しかし、仏への道を歩みながらも迷いの流転を繰り返してしまうのは、私を仏にせんとする阿弥陀如来の本願を疑って、自分の計らいに留まっているからなのです。疑いの心を捨て、流転輪廻に終止符を打つ一生にしなければなりません。

そして、速やかに迷いの境遇を出て、寂《しず》かなさとりの世界に入るには、ただただ本願に出遇った真実信心によってなのである、と結論づけられました。

以上、浄土の本願念仏の教えを弘めてこられた7人の菩薩や祖師がたは、私をはじめ、濁りきった世の数限りない人々を導いてこられました。

出家の人もそうでない人も、今の世を生きるすべての人々に申し上げます。どうか心を同じくして、ただこの高僧がたの教えを信じてくださいますように…と。

目次

目　次

「正信偈」現代語訳（試訳）……1
第1話　「正信偈」を〝おつとめ〟に／道宗が来るから待て／〝られて在る〟という感覚……22
第2話　呼び声への応答／言（ことば）になる如来／禅の白隠と妙好人・七三郎……26
第3話　タイのワイ、インドのナマステ／先に帰命している如来／彼方から響いてくる力……30
第4話　座っている仏、立っている仏／命と寿の違い／「いのちがあなたを生きている」……34
第5話　仏と如来について／上に向かう〝仏〟下に向かう〝如来〟／阿弥陀如来の人間像……40
第6話　法蔵の物語／世自在王に対峙する国王とは／なぜ、浄土が建立されたのか……44

第7話　すべての人を救うには／五劫の思惟／
「寿限無・寿限無」……50
第8話　ケンカをしながら念仏する／親の呼び声・子の返事／
「わが名をよびて」……54
第9話　響いてくる声の仏さま／〝諸仏が〟念仏する／
サマースクールで……58
第10話　光のなかの発見／そもそも光とは／
音が閉ざされている闇……64
第11話　十二の光／十二光の実感／人格的になる光……68
第12話　これまでのおさらい／ブラック・ライブズ・マター／
金色（きんいろ）と金色（こんじき）……72
第13話　信心が仏に成る因／これが18願／
「等覚」依って立つところ……78
第14話　等覚とは複眼の智慧／「千の風になって・花は咲く」／
仰ぐものから働くものへ……82

第15話　本願海と群生海／五つの濁りの時代／
お釈迦さまと阿弥陀さま……88
第16話　信心のリアクション／喜愛の心とは／
灰になっては智慧も滅する……92
第17話　「歎異抄」９条から／禅僧・原湛山のエピソード／
どこで一つになれるか……96
第18話　雲霧の上か下か／三毒の煩悩の根底／
「いえども」という関係……102
第19話　見て敬ひ大きに慶喜すとは／横に超截すとは／
本願の力を発見する……106
第20話　プンダリカ（白蓮華）／なぜ極楽に蓮の花が／
現代の妙好人のことば……112
第21話　お釈迦さんもナカナカの人や／「あう」という字／
信心と信楽……116
第22話　龍樹①　りゅう・てん・どん・どう…／大乗の歴史観／

龍樹の伝説……124
第23話　龍樹②　有見・無見、空の思想／難行・易行、二つの道／「即の時」いま必定に入る……128
第24話　天親①　「利他」の境地／本願に呼び覚まされて／「光如来」という表現……134
第25話　天親②　修多羅（シュートラ）経糸／「五念門」は普遍的なメソッド／本願力の回向……138
第26話　天親③　「獲」と「得」／浄土に「入」るとは「出」ること／芥川龍之介『蜘蛛の糸』……142
第27話　曇鸞①　道教の霊山・五台山／不老長生を求めて／「観無量寿経」か「浄土論」か……150
第28話　曇鸞②　梁の武帝と達磨大師／往還の本願力回向／「回向したまへり」と読む……154
第29話　曇鸞③　往・還、二つの構造／私に「せさせん」とする回向／アジャセの回心……158

第30話　曇鸞④　煩悩に染まるもの／生死「即」涅槃とは／照らされるものから照らすものへ……162
第31話　道綽①　末世の自覚／浄土古刹・玄中寺／聖道門から浄土門へ……168
第32話　道綽②　仏に近づこうとする念仏／三不三信とは／甲斐和里子さんの一文から……172
第33話　道綽③　下品下生に立って／下々の下国の涼しさよ／こむら返りが治る……176
第34話　善導①　王舎城の悲劇／事件の背景／「観無量寿経」の「隠顕」……182
第35話　善導②　三文字・六字にこもるもの／五逆十悪の自覚／善人をこそ矜哀する……186
第36話　善導③　両重因縁／信心の行者／吉崎、嫁おどしの話……190
第37話　源信①　名利を捨てて／「往生要集」臨終行儀／臨終の念仏から平生の念仏へ……196

第38話　源信②　予がごとき頑魯のもの／専雑の執心／二つの浄土（報土・仮土）の構造……200
第39話　源信③　大悲を忘れる／「あれども」「いえども」の二重否定／煩悩と如来は一体……204
第40話　源空①　怨みを離れる／剃刀を飲む／仏教「を」でなく「に」とは……210
第41話　源空②　念仏のなかに生活がある／片州・悪世の日本に／漁師への説法……214
第42話　源空③　生死流転ということ／流転に終止符を打つ／無量寿なる永遠の命……218
第43話　結勧　結びに「と」を付けて／広由本願力回向（世界が二つになる）／重誓名声聞十方（仏の行―私の信）……224
第44話　余話　浄土はどこに　複眼の感性／どこにイメージするか／End ではなく Start／課題をいただく……228
あとがき……233

作正信念仏偈曰

「正信念仏偈《しょうしんねんぶつげ》」を作りていはく、

ここに私（親鸞）は、「私を念じておられる仏の行《ぎょう》を正しく信ずる偈（うた）」を作りました。

帰命無量寿如来　南無不可思議光

無量寿如来に帰命し、不可思議光に南無《なも》したてまつる。

ナモアミダブツ。永遠の仏よ！
私の命は今、量りなき寿《いのち》に生かされ、智慧の光に呼び覚まされました。
私はここに、あなたの無量寿なる願いに、
不可思議なる光に、帰命し信順いたします。

第１話

「正信偈」を〝おつとめ〟に

ＦＭ「ラジオたかおか」の法話番組「ラジオde法話」、今月から「帰命無量寿如来～」、親鸞聖人（１１７３～１２６２年）がつくられた「正信偈」のお話をいたします。

「正信偈」を日常の勤行《ごんぎょう》、浄土真宗の日々の〝おつとめ〟とされたのが、本願寺８代の蓮如上人（１４１５～１４９９年）でした。それまでのおつとめは、中国の唐の時代の善導大師がつくられた「六《ろく》時礼讃《じらいさん》」といって、１日を六つの時間に分けておつとめされる「往生礼讃偈《おうじょうらいさんげ》」といわれるものでした。これは言ってみれば、キリスト教のミサにおける讃美歌のようで、とても哀愁に満ちた旋律でありました。

こんな感じです。「♪南無至心帰命礼《なもししんきみょうらい》、西方《さいほう》～」（歌う）。かつて後鳥羽上皇が熊野詣《もうで》の留守中に、法然上人の門弟が催した念仏法会《ほうえ》に、上皇の寵愛を受けていた女官（後に鈴虫、松虫といわれますが）が参加し、その美しい響きに感動のあまり出家するという事件が起こりました。それが後鳥羽上皇の逆鱗《げきりん》に触れ、法然上人、親鸞聖人の流罪につながりました。

「礼讃偈」はどれも、命は短いものだ。日頃の懈怠《けたい》な心を反省し、念仏とともに仏さまの世界に生まれて往くような、そんな日々新たなる人生を送っていこうと、繰り返し反復されるリズミカルなおつとめです。でも、それはなかなか難しく、一般の人が唱和できるものではありません。

そこで、蓮如上人は「正信偈三帖和讃《さんじょうわさん》」を開版し（1473年）、その頃から大衆みな共におつとめできる「正信偈」の後に、それまでの「六時礼讃」にならって、親鸞聖人の「和讃」を六首《ろくしゅ》ずつ加える形を作られたのです。

道宗が来るから待て

蓮如上人の〝おつとめ〟について、こんなエピソードが伝わっています。上人ゆかりの越中井波の瑞泉寺《ずいせんじ》では、元旦に太鼓堂と鐘楼堂《しょうろうどう》から「ドーン・ガーン」と普段は別々に撞かれる太鼓と梵鐘の「同時打ち」が始まります。その由来は、蓮如上人が瑞泉寺に滞在中の元旦、例年にない大雪に見舞われました。いつも必ず来るはずの、五箇山赤尾の篤信のお弟子である道宗《どうしゅう》（〜1516年）が到着しない前に、おつとめをする時間となりました。

蓮如上人は「必ず道宗が来るから待て」と仰せられて、裏山の尾根に眼を凝らしていました。やがて、雪まみれになった道宗の姿を見た皆の熱い思いが一つになって、太鼓と鐘を同時に鳴らしたのでした。太鼓と鐘の「同時打ち」を「道宗打ち」と称して、これが瑞泉寺独特の元旦の伝統になったといわれています。

「正信偈」の前半はお釈迦さまが「無量寿経」に説かれた念仏の教えのいわれを述べ、後半はその念仏を伝承した7人のインド・中国・日本の高僧（七高僧といいますが）、その7人の教えを讃嘆した、いわば念仏の思想史というものです。

「正信偈」の「偈」とは讃歌という意味で、七言《しちごん》120句840字の歌なのですが、念仏の深い教えを、しかも七言のかたちに整えるという表現の制約もあり、「正信偈」は身近なものでありながら、最も難解な内容だともいえます。FM法話であることを念頭に、讃歌の心も忘れずに、できる限り分かりやすくお話してみたいと思います。

〝られて在る〟という感覚

さて、きょうは最初ですから一番基本的なことを押さえておきましょう。「正信偈」の正式名称は偈前《げぜん》の文に、「正信念仏偈を作りていはく」とあるように、「念仏を正信する偈《うた》」です。念仏を一生懸命に唱えましょうという念仏の「行《ぎょう》」が勧められているのではなく、念仏を正しく信じましょう、いただきましょうという「信《しん》」が勧められているのです。

念仏は「仏を念ずる」と書きますが、その時の主語は当然、私になります。「私が」仏を念ずるのです。しかし、それは簡単なことではありません。念仏は「仏々相念」といって、仏さまのような清らかな心と心が、互いに念じあうことが基本です。純粋な心で私の方から進んで仏さまに帰命し手を合わすということは、とても稀なことだと思います。

「念仏を正信する」、念仏を正しく「信」ずる、いただくのは私です。では、そのとき念仏しているのは誰なのでしょうか。念仏の「行」をしているのは、仏さまなのです。私たちの日常はいつも自分の損得に左右され、仕事がうまくいくようにとか、家族が幸せで、今日も元気で過ごせるようにと祈ります。念仏とは、そんな目先にとらわれる私の為に、もっと違う所に目を向けるようにと、仏さまの方から私に向かって働いている呼びかけであり、力（パワー）なのです。

ですから、念仏を「仏を念ずる」と読むのではなく、そのまま「念じている仏」と読んで、念仏を私がする行ではなく、仏の「行」として私を述語にしてみるのです。つまり、〝私を〟念じてくださっている〝仏の行〟を私が正しく「信」じる、いただくということ。それが「正信念仏偈」です。私に働いている仏の力（行）のなかに、大いなるものを発見していくという（信）に立つ仏教、これが親鸞聖人独特の浄土真宗です。

これは、すぐに理解できないことだと思います。でも、焦る必要はありません。私が仏さまを念ずる心は浅くて純粋でなくとも、仏さまが私を念じてくださっている心はとても深いのです。私とは、仏さまに、念じられ、信じられ、愛され、願われ、呼びかけられている存在です。「正信偈」を理解する第一歩は、この〝られて在る〟という他力的世界への気づきと発見です。この感覚を忘れずに常にここに立ち返りながら、１日10分の出会いの旅を、ご一緒したいと思います。

（２０１８・８放送）

第2話

呼び声への応答

前回のおさらいです。「正信偈」の正式の名は「正信念仏偈」、念仏を正信する偈といいました。ナモアミダブツの念仏は、阿弥陀仏の私への「行」actionであり、呼び声callingであり、働きworkingであり、力powerでした。如来の「行」である念仏を正しくいただき、信じ讃嘆する歌（偈）が「正信念仏偈」でした。

もう一つ、私が仏さまを念ずる心は浅く純粋でないのです。けれども、仏さまの方が私を念じておられる心は深いのです。それゆえに私に仏さまを念ずる心が起こってくるということです。念仏とは、私を念じている如来の行の発見なのです。如来の「行」をいただく「信」に立つ仏教。これが親鸞さまにおける、仏と私との関係の基本です。

こんにちの京都女子学園をつくられ、念仏の教えに生きられた甲斐和里子《かいわりこ》さんにこんな歌がありました。「みほとけの御名《みな》を称ふるわが声は　わがこゑながら尊かりけり」。ナマンダブツと私の口から声を出して称えているのですが、それはそのまま仏さま、阿弥陀仏の呼び声（行）であり、そのまま私の応答の声（信）であるゆえに、わが声ながら尊かりけりなのです。

なぜ、ナモアミダブツの念仏が如来の行、呼び声なのでしょうか。それは阿弥陀仏とはナモアミダブツの名となり、声となろうと誓われた仏さまだからです。（これは第8話などでお話しします）なぜ、名となり声となってはたらく仏さまになろうと思われたかというと、私たち人間の迷いを、言（ことば）と声によって覚ますためです。

言（ことば）になる如来

人間は言葉をもっています。言葉は伝達の道具といいますが、考えた結果を言葉にするのではありません。人間は言葉で考えるのです。言葉がなければ考えることもできませんし、ものをつくり出すことも社会生活を営むこともできません。言葉が人間をして人間たらしめる根本ですが、言葉はまた自意識をつくり、我執を生み出し、燃え盛る煩悩の元にもなります。大きい小さい、美しい醜い、損か得か、欲や腹立ち、驕慢《きょうまん》や嫉妬、人を悩まし傷つける迷いの根本は言葉による捕らわれにあります。

この言葉による捕らわれから解放するものが、如来の言（ことば）「ナモアミダブツ」なのです。阿弥陀仏は「ナモアミダブツ」の名となり、声となって私たちの迷いを覚まし、安らかな世界に導こうとはたらいておられる如来です。名となり声となったことを「名号《みょうごう》」といいます。床の間にかけられる六字名号「南無阿弥陀仏」の掛け軸は、その心を表すお姿です。

「名」という字は夕べに口と書きますが、暗くなってきた夕べ、辺りが見えなくなってきたとき最も頼りになるのは声です。「どこにいるか?」「ここにいるぞ!」というふうに。また、うなされている赤ちゃんに、「ママよ、お母さんはここにいるよ」と声をかければ、怖い夢から覚ますことにもなりましょう。あるいは、「そんなことをしていいのか」と彼方から響いてくる良心の声を聞くこともあるでしょう。声には迷いを呼び覚ます力があります。

禅の白隠《はくいん》と妙好人・七三郎

昔のお説教に、臨済宗中興の祖と言われた白隠禅師と妙好人と呼ばれた念仏の篤信者・三河の七三郎との話があります。話の背景は少しずつ違うのですが、内容の基本は同じです。あるとき白隠禅師が法話中、肝心なところに話がくると、後ろの方に座っている年配の男性、これが七三郎なのですが、彼の念仏する声が聞こえるのです。

禅では、「春の田の蛙《かえる》の昼夜に鳴くがごとし、ついに又益《えき》なし」(道元「正法眼蔵」)などと言われるように、言葉に頼らない不立文字《ふりゅうもんじ》、以心伝心《いしんでんしん》が基本ですから、念仏はうるさいのです。もちろん念仏は人間の日常語ではなく、日常の言葉による捕らわれを覚ます如来の言(ことば)なのですが、しかし禅ではやはりうるさいのです。

ところが、話の核心に触れるところになると、念仏の声が聞こえるものですから、白隠は気になってしかたがなく、話が終わってから七三郎を呼び寄せるのです。そして、「お前さんの称えているのは、一体、何のマジナイじゃ」と尋ねます。

マジナイなどの迷信を最も嫌われた親鸞聖人であることを知りながら、意地悪な質問をしたのです。七三郎はむきになって、「これはマジナイでない」と答えるだろうと思っていたら、そうは答えず、「これは大変不思議なオマジナイでございます。鬼が転じて仏になるのでございます」と答えます。「ほう、それは誰がつくられたものなのか?」「阿弥陀如来でございます。」「その如来は何処におられるのじゃ?」「ここから西方十万億土の極楽浄土におられます。」「それはまた、えらい遠い処じゃな。いざという時には、間に合わんのじゃないか?」「いえ、阿弥陀如来は極楽にはおられません。」「なんと、ではどこにおられるのか?」「ただ今、諸国行脚中《あんぎゃちゅう》にございます。」「では、今はどのあたりにおいでなのか?」「はい、この私の胸のところです」と答えたという話です。

阿弥陀仏はいつも我が家を留守にして行脚中です。はるか彼方の清浄なる国から、ナモアミダブツの呼び声となって七三郎の胸に飛び込んで響いている念仏です。如来大悲が私の胸にサンサンと降り注いでいる。それゆえに、「帰命無量寿如来　南無不可思議光」と手を合わせ、応答する心が起こってくるのです。これが「念仏を正信する」という意味です。念仏が如来の行（はたらき）、呼び声であることを確かめたいと思います。

（2018・9放送）

第3話

タイのワイ、インドのナマステ

本文に入ります。「帰命無量寿如来　南無不可思議光」（無量寿如来に帰命し、不可思議光に南無《なも》したてまつる）。

少し前になりますが、タイ北部のチェンライの洞窟に閉じ込められ、水没の危機が迫るサッカーチームの12人の少年たちのことが、TVで逐次報道されていました。助け出されたとき、少年やその周りの人たちが次々に手を合わせている姿が、とても自然で美しく感じられました。

胸元で手をしっかり合わせるのではなく、ふくらみを持たせて口元近くで手を合わせる合掌の仕草は、〝ワイ〟と呼ばれるタイの挨拶の形で、日本で言えばお辞儀の形に当たります。ふくらみを持っているのは蓮の花のつぼみを表しています。蓮はすがすがしい高原には咲かず、汚れた泥の中より、それに染まらない美しい花を咲かせます。煩悩のただなかに清らかな悟りの花を咲かせる仏教の教えに基づく作法です。〝ワイ〟の挨拶には、清らかなあなたの心を敬いますというニュアンスが伴っています。

インドに行くと胸のあたりで手を合わせ、「ナマステ」と言って軽くお辞儀をします。「ナマステ」という言葉を分解すると「ナマス」と「テ」という二語に分けられます。「ナマス」とは、相手に敬礼・服従・帰依するという意味で、「テ」は「あなたに」の意味です。インドの「こんにちは」という挨拶には、「あなたを敬い、あなたに従います」という深くて重いニュアンスが込められています。

この「ナマス」は次に続く語により、「ナモー」と変化します。この「ナモ」が「ナモアミダブツ」の「ナモ」なのです。そしてまた、阿弥陀仏の「アミダ」もインドの言葉です。アミターユス（無限の寿命をもつ仏、無量寿）とアミターバ（無限の光明をもつ仏、無量光）という二つの意味を持っていた言葉が、中国に伝えられて、どちらも阿弥陀と漢字に音写されました。

つまり、「ナモ」も「アミダ」もインドの言葉で、そのままの発音を漢字に直して仏の字をつけ「南無阿弥陀仏」と表記したのです。その六字の漢字表記は字の通り「ナムあみだぶつ」と読みますが、私たち浄土真宗本願寺派（お西）はインドの発音にならって「ナモあみだぶつ」と「ナモ」と発音します。思わず「ナミあみだぶつ」と発音される方がありますが、そんな発音はありませんから注意したいと思います。

先に帰命している如来

さて、南無阿弥陀仏はインドの発音ですから、漢字を見つめてみても意味は分かりません。ナモは帰依、帰命、アミダは無量寿、無量光という意味でした。ですから、「ナモアミダブツ」とは「私は阿弥陀仏に帰依します。」すなわち「私は量りなき寿（いのち）の仏、量りなき光の仏に帰命します」という意味になります。

この「ナモ」の「帰命」には三つの意味があるとされます。一つは「帰還」元いたところに帰るという意味、（原発の帰還困難区域の帰還という字）、私の限りある命が仏さまの大いなる寿の源に帰っていくという意味です。二つ目は「帰投」（帰り投げる）私の身を仏に捧げるということ。三つ目に「帰順」（帰りしたがうと読みます）。仏の呼びかけ、「我に帰せよ」という仏の呼びかけに信順するという意味です。

それぞれに味わいがありますが、押さえは三つ目にあります。自分の都合や願いをかなえるために仏さまに帰命し、念仏するのではありません。それは私の思いを延長するだけのことであって、とても不純なこと、純粋な行為ではありません。

親鸞さまの「帰命」は、仏さまから私に向かって働いているナモアミダブツの呼び声に呼び覚まされて、私に念仏し帰命する心が起こってくるということです。量りなき寿の仏に帰命し、量りなき光の仏に帰命する心が起ってくるのは、如来大悲の方が先に、私に帰命しているからです。如来の「行」、私の「信」ということです。

彼方から響いてくる力

念仏詩人といわれた木村無相《むそう》さんに「おねんぶつ」という詩があります。「にょらいさんがわたしを　おもっておもって　おもっておもって　くださるのがおねんぶつ　にょらいさんのおもいがわたしに　とおってとおって　とおってとおって　くだされたのがおねんぶつ」という詩です。私の胸を貫いて、彼方から響いてくるのが如来大悲の念仏なのです。

如来の大悲は悩みや悲しみや迷いのなかにある私に向かって、「ここにいるぞ、まかせよ」と呼びかけています。その呼びかけに「よりたのみ、よりかかる」のが帰命です。それは限りある私の命を生かしている量りなき寿のはたらきを感じることであり、また自分の都合ばかりを考えている狭い心の私に、明るく大きな世界が開かれてくるということです。

金子みすゞの詩に「はすとにわとり」というのがありました。「どろのなかから　はすがさく。それをするのは　はすじゃない。たまごのなかから　とりが出る。それをするのは　とりじゃない。それにわたしは　気がついた。それもわたしの　せいじゃない。」

生き物の背後に目に見えない不思議な力の存在を感じている詩ですが、泥の中から美しい蓮の華を咲かせるのも、卵から鳥が生まれてくるのも、「それをするのは」無量寿の「いのちのはたらき」であり、それに驚き「気がついた」のは、無量光の「光のはたらき」だったといえるかもしれません。「帰命」は量りなき寿の発見、「南無」は智慧の光との出会いです。

（2018・10放送）

第4話

座っている仏、立っている仏

親鸞さまの「帰命」(仏さまに帰依するという行為)は、仏さまから私に向かって働いている如来大悲の、ナモアミダブツの呼び声に呼び覚まされて、私に念仏し帰命する心が起こってくるということでした。

私たちの浄土真宗のご本尊、阿弥陀如来は立っておられます。おおざっぱにいえば、座っておられるのは浄土での悟りのお姿、立っておられるのは阿弥陀如来の働いているお姿を表しています。立って私たちに向かって働く姿が、阿弥陀仏が私に南無し帰命せしめる姿であり、阿弥陀仏の呼びかけである「ナモアミダブツ」のお姿そのものです。

こんな喩えがありました。「ニワトリが先かタマゴが先か」という難問です。しかし、ニワトリの卵がニワトリになるのであって、アヒルにはなりません。つまり、ニワトリが親という意味であり、タマゴが子であることが前提になっていると考えるのが自然でしょうから、ナモアミダブツの親の呼び声の方が先にあって、子である私に帰命の心が起ってくるということです。

考えてみれば、自分の力をあてにし、自分が一番偉いと思っている私に、手を合わす帰命の心が起ってくるということは、とても不思議なことだといえるでしょう。如来大悲のはかり知れない促しがあったからこそ、手を合わすことのできる私になったということです。

そして、その親（仏）の呼び声である「南無阿弥陀仏」（行）に、人間の側から応答されたのが親鸞さまの「帰命無量寿如来」であり、「南無不可思議光」（信）です。「無量寿如来に帰命し」は「無量寿経」の表現をもとにした応答、「不可思議光に南無したてまつる」は中国の曇鸞大師の「讃阿弥陀仏偈」にもある表現です。

また、天親菩薩は「帰《き》命《みょう》尽《じん》十《じっ》方《ぽう》無《む》碍《げ》光《こう》如《にょ》来《らい》」といただかれ、曇鸞大師の「南無不可思議光如来」と、ともに阿弥陀如来のはたらきを「光」「光明」との出会いとして受け止められました。暗闇を照らし、ものを顕わにするのが光です。煩悩にとらわれ執着している私の闇を照らし、顕わにし自覚させ、悩みや苦しみから解放する「光」のはたらきとして、ナモアミダブツの如来の呼び声を聞かれたのです。

命と寿の違い

また、「帰命無量寿如来」の「無量寿」とは量りなき寿。〝いのち〟という字はコトブキという字を書きますが、70歳の古来稀なる古希を過ぎると、喜寿、傘寿《さんじゅ》、米寿など、めでたい寿を意味する字が続きますが、健康でどんなに長生きをしても私たちは限りある有限なる命を生きています。限りなき量りなき「無量寿」なるいのちとは、時間の長さでということではなく、永遠のいのちということを意味しています。

永遠のいのちとは目にしたり数えたり計ることができる個々の生き物の命のことではありません。個々の生物の命は限りあるものですが、その生きとし生けるものの命を生かしている目に見えない「いのちのはたらき」、私の限りある命を根底から生かし続けている不思議な「いのちの力」、それこそがコトブキと読むにふさわしい無量寿なる「めでたきいのち」ということができるでしょう。

「いのちがあなたを生きている」

京都駅前にある東本願寺に、親鸞聖人七五〇回忌法要のテーマが大きな字で書かれています。それは「今、いのちがあなたを生きている」という言葉です。「いのちが生きている」という表現は、同じ語の無意味な反復、一種のトートロジーと受け止める人がいて、よくわからないという意見もありましたが、このテーマの「いのち」という字はひらがなで表されています。

「いのち」という字は普通「生命」の「命」という字ですが、生命の「命」の「いのち」は生まれて死んでいく限りある「いのち」のこと。法要のテーマのひらがなの「いのち」は有限なる命ではなく、限りない永遠なるコトブキの「寿」(いのち)、無量寿なるいのちのはたらき、いのちの力のことを意味していると思います。

ですから、「今、いのちがあなたを生きている」とは、「いま、永遠なる無量寿なるいのちの力が、あなたに生きている」という意味になるでしょう。

また、「あなたが生きる」ではなく、「いのちがあなたを生きている」と、いのちを主語として、あなたを目的語とすることによって、私という命が今を生きているのではなく、無量寿なるいのちのはたらきが、たまたま私というかたちになって私を生かしているのであり、すべての命は大いなる無量寿の元につながっているというメッセージになっていると思います。

このような、〝いのち〟を主語とし〝人〟を目的語にする表現は、インドのヒンディー語にあるといわれます。インドの留学経験のある政治学者・中島岳志氏によれば、例えば「私はあなたを愛している」と言うとき、ヒンディー語で直訳すると「私にあなたへの愛がやってきて、とどまっている」という言い方をするといいます。（「真宗」２０１６・12月号）

つまり、私の思いを超えたものが私にやって来て、私を動かしていると表現するのです。ですから、「今、いのちがあなたを生きている」とは、「今、無量寿なるいのちがやってきて、あなたにとどまっている」、「私は阿弥陀仏に生かされ生きている」という意味になるでしょう。それはまさに阿弥陀如来の呼びかけへの応答の言葉、「帰命無量寿如来」であるといえるでしょう。

（２０１８・11放送）

法蔵菩薩因位時　在世自在王仏所

法蔵菩薩の因位《いんに》のとき、世自在王仏《せじざいおうぶつ》の所《みもと》にましまして、

これから私に、ナモアミダブツのいわれについて語らせてください。あなたは、菩薩という人間的な姿を示して、私たちにその広大なお心を物語ってくださいました。

遥かなる昔、国王であるがゆえに、力がこの世を支配すると思っていたあなたは、世において自在に輝く〝世自在王〟と呼ばれる仏さまに出会い、その説法に感動し、国を棄《す》て王を捐《す》て世俗の力のすべてを捨てて、〝法蔵〟という求道者になられました。

観見諸仏浄土因　国土人天之善悪
建立無上殊勝願　超発希有大弘誓

諸仏の浄土の因、国土人天の善悪を観見《とけん》して、
無上殊勝の願を建立し、希有《けう》の大弘誓《だいぐぜい》を超発《ちょうほつ》せり。

そして、すべての人が幸せになれる優れた仏国土をつくりたいと願い、様々の仏さまの世界の成り立ちや、その国の人々の善悪の姿を見極めて、さらにまた誰しもが生まれることができる国にしたいと、大いなる願いをたてられたのでありました。

第5話

仏と如来について

きょうは次の「法蔵菩薩因位時　在世自在王仏所」（法蔵菩薩の因位《いんに》のとき、世自在王仏《せじざいおうぶつ》の所《みもと》にましまして）に入ります。その前に「仏」（ぶつ）と「如来」について押さえておきましょう。難関の「法蔵菩薩」の理解につながると思います。阿弥陀仏と阿弥陀如来はどう違うのでしょうか。もちろん、違うわけがなく同じなのですが、漢字が違う以上、仏と如来とには微妙なニュアンスがあるはずです。

仏（ぶつ）、日本語では「ほとけ」と読みますが、亡くなられた人のことではありません。仏はインドのBuddhaの発音を「仏陀」と漢字に写し、略して「仏」といいますが、元の意味は「煩悩を滅し悟りの智慧を得た覚者《かくしゃ》」ということです。具体的にはお釈迦さまのことを、ブッダ、仏陀、仏、ほとけさま、といいました。

亡くなられた人は既に悪さをする煩悩がありませんから、消極的な意味で亡くなられた方を仏さまと呼ぶことは間違ってはいませんが、そう言ってしまえばすべて終わってしまいます。正しくは、修行により「さとりの智慧」を得た、生きている目覚めた人をブッダ、仏さまと言いました。

では、得るべき「仏のさとりの智慧」とはどんなものでしょう。悟っていない私には語る資格はないのですが、キメキメに表現するなら「煩悩を離れたところに開かれてくる、万人にうなずかれる真実」と押さえてみましょう。「真実」とは、分かったようでわからない抽象的な言葉ですが、〝ない〟をつけて否定的に考えればいいのです。私たちにはものごとを正しく見ない、損得でしか考えない、ありのままに見ることができない、という習性があります。

例えば、これは道元禅師の言葉ですが、「花は愛惜《あいじゃく》に散り、草は棄嫌《きけん》に生うる」（「正法眼蔵」）といわれます。花には散らないでくれ、もっと咲いていてくれと思うのに散っていき、草は生えないでくれと思うのに、嫌われながらも生えてくる。同じ命を生きているのに、人の目にはそうは映らないという意味です。つまり、自分の都合に合わせて、ものを見てしまうのです。これを知ることが、真実に触れるということです。

上に向かう〝仏〟下に向かう〝如来〟

つまり、人間というものは類人猿から立ち上がって前頭葉を発達させるとともに、煩悩をつくり出したのです。親鸞さまは「欲もおほく、いかり、はらだち、そねみ、ねたむこころおほくひまなくして、臨終の一念にいたるまで、とどまらず、きえず、たえずと」（「一念多念証文」）とおっしゃいました。まさに、この煩悩に打ち勝ち、曇りのない真実の眼、智慧の眼を得た人を「仏」（仏さま）といいました。

それに対し「如来」ですが、「如来」の原語はtathāgata、タターガタといって、真実の眼をもちえない私たちのために、ありのままの「如」の世界（真実の世界）からやってくる者、人々の迷いを覚まし救うために真実の「如」の世界から「来」たるもの、文字通り如から来る、私にcoming near近づいてくる智慧のはたらきといった意味です。

つまり、「仏」（仏さま）とは「修行完成者」、悟りの智慧を身につけ真理に達した者という、人間の側から上に向かっていく方向を意味し、「如来」という場合には悟りの真実の世界から迷いの人間の側に来たりし者、あるいは来たれし慈悲のはたらきという、下に向かう利他の意味が強調される表現になるといえます。

この悟りの智慧を目指すという上に向かう方向が、自分だけのためのものであっては自己満足で終わります。いわゆる小乗の羅漢さんの境地です。本当の悟りとはすべての人の苦悩を救うということ、悩める人の苦しみの方を優先し積極的にかかわろうと下に向かう慈悲の方向こそが、悟りの智慧の完成ということができるでしょう。

「仏」（仏さま）とは上に向かって到達するという境地だけではなく、下に向かう「如来」という方向を併せ持って初めて完成された境地ということができるのです。

阿弥陀如来の人間像

それに伴って、「菩薩」にも二つの方向ができてきます。人間の側から上に向かっていく修行者という意味で、お釈迦さまがそうでしたし、さらには龍樹菩薩・天親菩薩といわれるように、この世に実在した仏になる手前の優れた求道者のことをいいます。そしてもう一つ、仏の側から私たちに向かって、仏の悟りの心を人間的に表現し、私たちに関わるために菩薩という具体的な姿となって近づくもののことです。

千本の手をもった観音菩薩は、いかなる人をも漏らさない阿弥陀仏の慈悲の広大さを表します し、辻ごとの境にある地蔵菩薩は町や村の境を守り、また子供の節句ごとの成長を守る仏の心の象徴です。観音も地蔵も実在の人物ではありません。言葉も及ばない仏の悟りの心を私たちに分かるよう自己限定し、人間的な形で表したものが菩薩です。つまり、菩薩とは如来の人間像なのです。

ならば、法蔵菩薩とは何か？「阿弥陀如来の人間像」なのです。阿弥陀仏はなぜナモアミダブツという名となり声となったかを、それを私たちに示すために菩薩という人間的な姿になって、その心を明らかにするのです。それが「法蔵菩薩因位時」、阿弥陀仏が「法蔵菩薩の因位の時」に、ということです。阿弥陀仏が、「私がまだ悟りを開く前の時の決意を、法蔵菩薩の姿として明らかにしましょう」ということなのです。これが法蔵の物語になるのです。

（2018・12放送）

第6話

法蔵の物語

法蔵菩薩とは「阿弥陀如来の人間像」だとお話しました。阿弥陀仏はなぜナモアミダブツという名となり声となったかを、私たちに示すために菩薩という人間的な姿になって、仏に成るための因位の決意を明らかにされたのです。

その道筋は、お釈迦さまの悟りに向けての流れがモデルになります。お釈迦さまは釈迦族の王子でしたが、老・病・死をはじめとする人生の根本問題に行き詰まり、それを解決すべく、城を出て道を求めて厳しい修行をされます。仏に成るその過程は、お釈迦さま自らがたどり、悟りに至った道筋でありましたが、同時にその道筋は人が仏になる普遍的な道筋であり、かつて無数の諸仏が通った道であり、その道を今度はお釈迦さまもたどられたのであるという大乗仏教の歴史観に発展していきました。

お釈迦さまがたどった仏に成る道筋は普遍的なゆえに物語となり、もと国の王であった法蔵菩薩の歩みとも重なります。どの民族にも説話や民話と呼ばれる物語があります。桃太郎や浦島太郎など、「昔々、あるところに、おじいさんとおばあさんが住んでいました」から始まります。このとき、昔とはいつのことか、あるところとはどこか、ということは誰も問題にしません。「じじ」と「ばば」

というのも、父と母に濁点を付けて、人物を抽象化する仕組みといえます。

物語とは日常的に伝えられない重要な価値観や考え方を表現するために、それを普遍化した人物に託して語られるストーリーです。お釈迦さまの悟りへの道筋が、法蔵菩薩の浄土建立の願いに普遍化されていったということができるでしょう。

世自在王に対峙《たいじ》する国王とは

その法蔵菩薩の「無量寿経」における物語です。昔々、はかり知れない昔から、次々に優れた仏がたがお出ましになられたが、その最後に〝世自在王〟という仏がおいでになられた。そのときに、一人の国王がいて世自在王仏の説法を聞いて、心に無上のよろこびを感じ、国を棄て王の位を捐《す》て（捐は誰かに与えるという字）、沙門《しゃもん》（仏道を求める修行者）〝法蔵〟と名のったとあります。「在世自在王仏所」です。

世自在王仏の教えによって、それまでの諸仏方がどのような国を実現されたのかの成り立ち「覩《と》見《けん》諸仏浄土因」や、そして「国土人天之善悪」諸仏の浄土に住んでいる人々の善悪の姿をよくよくご覧になって、「建立無上殊勝願、超発希有大弘誓」誰でもが悩み苦しむことのない国（浄土）を私もつくりたいという大いなる願いを建てられたのです。

国王であるということは、絶大の権力や財力をもって、自在に生きる者のように思いますが、常に力を維持しなければならず、いつ王位を奪われるかもしれない憂いや苦悩がともなった自在ならざる存在です。「無量寿経」の中では、国王に固有の名はなく、また世自在王と対峙する関係になっていますから、王位を捐てることになった国王とは、権力や財力を追い求め、それに縛られる自在ならざる人間の象徴的姿が示されていると思います。

それに対し、世自在王仏とは世において自由自在なる、世俗の価値（力）を超越した「光顔《こうげん》巍々《ぎぎ》として、威神《いじん》極まりなし」（「讃仏偈」）とたたえられる仏さまであり、お顔は気高く神々しく輝き、また〝世饒王仏《せにょうおうぶつ》〟とも称されるような、人々の心を明るく饒《ゆたか》にする仏さまでした。

浄土とは私たちの往く、死後の世界と考えてはいけません。浄土を建立されたということは、それに向けて私たちが歩んで行く到達点が示されたということであり、国土建立の願いを聞くことは、世俗の力に左右されず、自在に豊かに生きていくそんな道筋が、私たちに示されたということです。

なぜ、浄土が建立されたのか

法蔵の浄土建立の願いは48項目の願いで示されることになりました。その最初の願い、第1願は「たとひわれ仏を得たらんに、国に地獄・餓鬼・畜生あらば、正覚を取らじ。」私が仏となった暁に、私の国に地獄・餓鬼・畜生の境遇のものがいるとしたら、私は仏になったとはいわない。そんな境遇のものがいない世界をつくりたいという願いを起こされたのです。

なぜ、こんな願いを建てられたのか。それは私たちの世界が、地獄・餓鬼・畜生の苦しみ多き悩み多き、力による弱肉強食の世界であるからです。地獄など、人を戒めるための空想の世界だと思うかもしれませんが、芥川龍之介は「人生は地獄よりも地獄的である」と言っていました。

地獄とは生きるのが苦しくて、何をしでかすか分からない境遇の者が、苦しさの果てに趣《おもむ》いていく先の世界を言います。地獄の「獄」という字は、ケモノ偏の右に「言」という字と「犬」という字です。両方で吠えあっている獣（犬）が一つにつながれて言い争っているという形です。

源信僧都の「往生要集」には、地獄の境遇とは「おのおの鉄の爪をもつてたがひに掴《つか》み裂く」、互に相手を切り刻むという、精神的にも肉体的にも人を傷つけることが日常の生活であると描かれています。また、一緒に歩いてくれるものが誰もいないという、「われいま帰するところなくして、孤独にして同伴なし」、拠り処とするものがなく、たった一人ぼっちで誰も分かってくれないという叫びが述べられています。

地獄とは自分以外のすべてを否定し、詫びる、謝るということがない。それゆえに、自分自身も誰からも認められない孤独な世界です。それは国王であったときの、法蔵の世界でもあったのです。このような心安らかでないものを、よろこびに満ちた国に導きたい。また、そのような国をつくりたい。法蔵菩薩は考えに考えたのです。それが「五劫思惟之摂受」です。その内容は次回です。

（２０１９・１放送）

五劫思惟之摂受　重誓名聲聞十方

五劫《ごこう》これを思惟《しゆい》して摂受《しょうじゅ》す。重ねて誓ふらくは、名声《みょうしょう》十方に聞えんと。

その願いの数は48通りにもなり、その誓いを成就するために、五劫という計り知れない時が流れました。思惟に思惟を重ね、誓いの根本は「名声」（ことば）になるということであります。

即ち、ナモアミダブツの名となり声となって、人々を目覚ましめ、苦悩から救い、やがて仏国土に導かんと重ねて誓われたのであります。

第7話

すべての人を救うには

法蔵菩薩の物語の続きです。法蔵は諸仏方がどのように浄土を実現されたか、諸仏の浄土に住んでいる人々の善悪の姿をよくよくご覧になりました。そして、「無上殊勝の願を建立し、希有の大弘誓を超発せり。」誰でもが苦しみ悩むことのない国に生まれていけるように、そんな世界を私もつくりたいという大いなる願いを建てられました。

しかし、見る限り諸仏の浄土には、そこに生まれるためには戒律を守ることが必要であったり、心を整える禅定や智慧を磨くことが勧められたり、布施や耐え忍ぶ精進が要求されたりで、とてもすべての人が実践できるものではありませんでした。そこで、力のないどんな人間にもよろこびの心を伝えたい、すべての人が救われる国をつくりたいという大いなる願いと誓いを起こされたのです。

しかし、特別な修行もできないものを救うことは、どうしてできるのか。法蔵菩薩は考えに考えたのです。その考えに考えた法蔵の修行期間は五劫に及びました。それが「五劫思惟之摂受」です。

五劫の思惟

五劫とは果てしなく長い時間をいいます。〝劫〟は時間の長さの単位です。五劫には諸説がありますが、例えば40里四方の巨大な岩があって、もちろん富士山や立山よりも大きいのです。そこに羽衣を着た天女が3年に一度降りてきて、羽衣の袖が岩にサッと触れるのです。そのわずかな摩擦によって岩がかすかに擦り減り、それが繰り返されて大きな岩が完全になくなってしまう時間が一劫です。五劫はその5倍です。

五劫の間、法蔵菩薩は思惟に思惟して、ついに「名声」、名となり声となって、生きとし生けるすべてのものによろこびを与え、どんな人間をも漏らさずに迎え取ろうとするナモアミダブツ（名号）を成就されたのです。

法然上人はこの「五劫思惟」の文に接するたびに感涙されたという伝説があります。特別な行もできず愚かな私をたすけんがための長きわたる大悲の心に涙されたのです。また、親鸞聖人も「弥陀の五劫思惟の願をよくよく案ずれば、ひとへに親鸞一人《いちにん》がためなりけり」（「歎異抄」）と深く受け止められました。

南無阿弥陀仏の六字のことばを称えることで救われるということは、とても理解できないことかもしれませんが、それはこれから何度もお話していくつもりです。きょうは、この「五劫思惟」が落語にもなっていることをご紹介したいと思います。その話は、長い間子供に恵まれなかった熊五郎こと、熊さん。やっとできた我が子の可愛いこと。名前を付けるのも忘れて、お寺のゴゲハンを訪ねるところから始まります。

「寿限無《じゅげむ》・寿限無」

「これはこれは熊五郎殿、どうされたのかな。」「実は息子に長生きできるめでたい名前を付けたいんで…」「では、親鸞聖人が作られた〝正信偈〟の〝帰命無量寿如来〟の無量寿、限りない寿《ことぶき》なるいのちという意味だが、無量寿では直截すぎるから、〝寿限無〟がいいかもしれん。」

「なるほど、〝寿限無・寿限無〟いいスね、もっと他にないですか。」「〝五劫のすりきれ〟という表現もある。」「エッ、なんですか、それ?」「五劫というのはファイブ・カルパといって、念仏による衆生済度のために、ご修行をなさった法蔵菩薩の気の遠くなる時間の長さなのだ。付け加えるなら、〝海砂利《かいじゃり》水魚《すいぎょ》の水行末《すいぎょうまつ》、雲来末《うんらいまつ》、風来末《ふうらいまつ》〟はどうか。海の砂利も水に棲む魚も、獲り尽くすことができないし、水や雲や、風の行く末も果てしがなくていい。また、衣食住も欠けてはならないから〝食う寝るところに住むところ〟を加えてもいい。さらに〝やぶらこうじのぶらこうじ〟という、とても丈夫な木の名前もある。」

「いいスね、ゴゲハン。」「そうか、ならば〝パイポパイポ、パイポのシューリンガン、シューリンガンのグーリンダイ、グーリンダイのポンポコピーのポンポコナ〟という人がいる。昔、唐土《もろこし》にパイポという国があり、シューリンガンという王様とグーリンダイというお妃がいて、その間に生まれたポンポコピーとポンポコナという二人のお姫さまが、たいそう長生きをされたという。最後は、ずばり〝長久命《ちょうきゅうめい》の長助〟でどうだ。」

「ゴゲハン、ありがとう。どれもめでたいからカットできないや」ということで長い長い名前になったのですが、めでたい名前のお陰で、元気に育ち小学校に入学することになりました。

入学式の朝、友達の金ちゃんが迎えに来て、「寿限無・寿限無、五劫のすりきれ、海砂利水魚の水行末、雲来末、風来末、食う寝るところに住むところ、やぶらこうじのぶらこうじ、パイポパイポ、パイポのシューリンガン、シューリンガンのグーリンダイ、グーリンダイのポンポコピーのポンポコナの長久命の長助くん、新学期だよ、学校に行こうよ」と。

「あら、金ちゃん。寿限無・寿限無、五劫のすりきれ、…やぶらこうじのぶらこうじ、パイポパイポ、パイポのシューリンガン、…ポンポコピーのポンポコナの長久命の長助はまだ寝てるのよ。お前さん～、お願い、寿限無・寿限無、五劫のすりきれ～～、起こしてきて！」

「これ！　寿限無・寿限無、五劫のすりきれ～～！起きろ、きょうから学校だ！…金ちゃん、ごめん、待たせたね。いま来るよ。」…

「おじちゃん、…もう二学期だよ。」法蔵の「五劫思惟」は落語にまでもなりました。「正信偈」をそらんじている人が多かった時代のことを思います。

（2019・2放送）

第8話

ケンカをしながら念仏する

法蔵菩薩は誰でもが苦しみ悩むことのない世界に導きたい、そんな国をつくりたいという大いなる願いを建てられ、さらに特別な修行もできない力なきものを救うには、どうすればいいのかと、法蔵は考えに考えたのでした。それが「五劫思惟之摂受」でした。途方もない五劫という時間は、私たち人間の迷いの深さを表しています。

そして、重ねて誓われたのです。「重誓名声聞十方」（重ねて誓ふらくは、名声十方に聞えんと）というところです。私は「名声《みょうしょう》」、名となり声となって十方に響きわたるようにしたい。十方とは四方八方に上下を加えた方向、つまり全宇宙の生きとし生けるものにナモアミダブツの呼び声を聞かしめたい。そして、私の声を聞いて念仏する者を救いたいと重ねて誓われたのです。

念仏は如来の呼び声、如来の言（ことば）であり、法蔵菩薩が成就した阿弥陀仏の行《ぎょう》でした。なぜ、法蔵は声となりことばとなろうとされたのでしょうか。人間の苦悩を、声となりことばとなって救おうとされたのです。声となりことばとなるということは、どういうことなのでしょうか。ナモアミダブツのことばは、私たち人間の使う日常語とは全く性質が違う、次元が違うことばなのです。

例えば、ケンカをしながら念仏することはできません。「なんだって、バカか、この野郎！　ナマンダブツ…」、「あんたなんか大嫌い!!　ナマンダブ…」という風には絶対になりません。なぜでしょうか？　ケンカは眠っている煩悩が縁に触れ湧き出して言い争いになるのですが、念仏は眠っている煩悩を照らし出し自覚させ、沈めてくる彼方からのことば、日常語とは正反対の私を覚醒する如来のことばだからです。

親の呼び声・子の返事

声にはまた、不思議なはたらきがあります。私も立ち座りに、思わず「どっこいしょ」と声を掛ける歳になりましたが、にぶくなった動作を支えるのは「声」であること。声を掛けることによって、力が入るということです。スポーツを見ていても、声を掛け合うことの大切さがよくわかります。

「声」の本質は、何かを呼び覚ますというところにあるのではないかと思います。力を呼び覚ますということでもあり、眠っているものを呼び起こすということでもあり、何か新たなものと出会うという意味があるのではないかと思います。ＬＩＮＥも何もない時代、恋人に会いたいとき、万葉の相聞歌《そうもんか》のように、その人の名を呼びました。名を呼ぶことによって、その人と出会い、一つになろうとしました。

また、越中立山のふもとに称名滝がありますが、称名とは阿弥陀仏の名を称えることです。立山信仰と共に、滝の音に称名念仏をイメージしたといいます。ところが今、パソコンで「ねんぶつをとなえる」と打つと、禾篇ではなく口篇の唱えるという字が最初に出てきます。これは、間違いです。少なくとも親鸞さまの念仏は称名滝の「称」、禾篇を書きます。口篇の唱えるは声を張り上げる人間の自力の行を連想しますが、禾篇の称えるは滝のような圧倒的な如来の行への応答ということです。

また、「腹が立つときブツブツ申せ。ブツはブツでもナモアミダブツ」といったのも、「念仏は親の呼び声、子の返事」といったのも、妙好人（念仏の篤信者）浅原才市《さいち》でした。私が念仏するということは、如来の圧倒的な呼び声に応答するということ。名を称えることは、名を呼ぶものに応えて一体となるということでした。

「わが名をよびて」

三好達治の詩に「わが名をよびて」という詩がありました。「わが名をよびてたまはれ　いとけなき日のよび名もて　わが名をよびてたまはれ　あはれいまひとたび　わがいとけなき日の名をよびてたまはれ　風のふく日のとほくより　わが名をよびてたまはれ」という詩です。

「いとけなき日のよび名」、つまり幼き日の〇〇ちゃんという呼び名をもって、私の名を呼んでくださいませんかと呼びかけている相手は、直截には自分のお母さんでしょう。しかしそれ以上に、「いとけなき日」とは苦しみを知らない純粋無垢なる仏の子のような幼き頃のことを指し、「風のふく日のとほくより」「雪のふる日のとほくより」の「遠く」の繰り返しには、自分の母を超えた遠い遠い永遠に母なるものがイメージされているように感じます。

自他の優劣の比較に明け暮れ、悩み多き今の私に、あの幼き頃のとらわれのない〝仏さまのような心〟を、呼び覚ましてはくれまいかという詩人の切なる願いを感じとることができる詩だと思います。

私をいつも呼んでいる如来大悲、つらく悲しくとも、名を呼べば、名を称えれば、一人ではありません。「名」にこめられた法蔵の誓い、名を「声」にすることによって出会う、いのちの不思議さを「重誓名声聞十方」のことばに思うべきです。

人間は考えた結果を言葉にするのではありません。人は「ことば」で考えるのです。ことばは人の命です。ことばが人を成り立たせるのです。如来が名声という「ことば」になって、私たちを覚醒しようとしたことには深い深い意味があるのです。

今の時代、ネットの意見がすぐに炎上し、粗野な言葉が飛び交っています。彼方からの如来のことばに耳を傾けることが、とても大事なことのように思います。

（２０１９・３放送）

第9話

響いてくる声の仏さま

「重誓名声聞十方」（重ねて誓ふらくは、名声十方に聞えんと）というところまできました。法蔵菩薩は48の願いを建て、その願いが実現しなかったならば仏になったとはいわないと誓われましたが、さらに重ねて「私は〝名声〟名となり声となって、生きとし生けるものにナモアミダブツの呼び声を聞かしめたい」と誓われたのです。

重ねて誓われたということは、究極の誓いということです。阿弥陀如来とは直截には、私を呼ぶ「声」なのです。ナモアミダブツという名となり声になろうと重ねて誓われたのですから、阿弥陀仏といっても西方極楽に鎮座まします仏さまではなく、字に書かれたお名号でもなく、立ち上がって私を呼んでおられる、私に響いてくる彼方からの声の仏さまなのです。

彼方からの声に目覚まされ、うながされて私の口からこぼれてくるのが念仏です。あるときは励ましの声であったり、あるときは悲しみを共にせんとする大悲の心であったり、あるときは「よかったねー」とよろこぶ声であったり、私に寄り添い、私を支えている「呼び声」となって働いている仏さま、その声の発見が最も具体的な阿弥陀如来です。

少し専門的になりますが、このナモアミダブツの名となり声となって、私たちによろこびの世界を開こうとされた法蔵菩薩の願いは、もともと48の願いの内の17番目の願に誓われ成就されたものでした。これが親鸞聖人の念仏の教えの根幹となります。

〝諸仏が〟念仏する

17願は「たといわれ仏を得たらんに、十方世界の無量の諸仏、ことごとく咨嗟《ししゃ》して、わが名を称せずは、正覚を取らじ」という誓い、即ちあらゆる世界の諸仏方が、ナモアミダブツの呼び声の大いなる働きを称賛しほめたたえ、念仏を称えることがなければ、私（法蔵）は仏に成ったとは言わないという誓いです。

つまり、法蔵菩薩はナモアミダブツという声となって、あらゆる〝諸仏が〟その声を讃嘆する世界をつくりたいと願われたのです。ここで大切なことは、煩悩を抱えた〝私たちが〟ナモアミダブツの大いなる功徳を称賛し、ほめたたえるのではないということです。

ナモアミダブツの大いなる功徳を称賛し念仏する境地は、諸仏の位であり、私たち凡夫の位の出来事ではないということです。念仏とは「仏々相念」（仏と仏とあい念ずる）ということが根本でした。ナモアミダブツと阿弥陀如来の功徳をほめたたえることができるのは、仏の位にあるものしかできないことなのです。

その通りでしょう。欲も怒りも多き煩悩具足の私が阿弥陀仏を念ずるときは、どうか健康で商売もうまくいきますようにとか、どうぞ私の願い、私の思いをかなえてくださいという自分の欲望願望を祈ることがほとんどです。逆に、そんな私の自分中心の思いに気づかせ、大いなるものに目を向けさせるものが、仏さまの呼び声である念仏なのです。それは、詳しくは13話でお話しますが、角度を変え、もう少しお話しましょう。

サマースクールで

以前、私のお寺では1泊の「サマースクール」や「子ども報恩講」など、にぎやかでした。そのときの子どもたちに、よくこんな話をしました。…お寺は仏さまのお話を聞くことが中心です。でも、きょうは皆さんに質問をしますと言って、まず「この世の中で一番恐ろしいものは何ですか?」と聞きました。すると即座に「地震」と返ってきます。「お母さん」と答える子もいましたが、「お父さん」と答える子はいません。その意味でもいい線をいっているのですが、「違います!」「では、この世の中で一番汚いもの醜いものは何ですか?」「ウンコ!」「違います。でも、答えを出す前にもう1問。この世の中で一番美しいものは何ですか?」「ダイヤモンド、花、自然や」と答えた子もいました。「違います。この世の中で一番恐ろしいもの、一番醜いもの、一番美しいもの、それは人間の心です。お寺とは心の道場です」と話しました。

静かに自分自身を見つめていきますと、それこそ何をしでかすか分からない恐ろしいものを抱え、自分さえよければいいという汚い思いをもっていますが、しかし四六時中、恐ろしく醜い心でいるわけでもありません。美しいものに心洗われたり、尊いものに感動したりするときがあります。美しいものに感動し、尊いものに頭が下がっている心は、やはり美しく尊い心だということができます。これを〝諸仏〟の位といってもいいのです。泥の中から、それに染まらない蓮の華がポッと開くようなことです。

法蔵菩薩の尊い心を学んで、それでは頑張って心をきれいにして念仏しようというのではありません。美しく尊いものを如来大悲の中に感じて、如来のうながしによって、「念仏申さんとおもひたつこころ」(「歎異抄」)がポッと起ってくる、発起するのです。私の持ちものでない美しく尊い如来の心が起こってくる、その位を親鸞聖人は「如来とひとし」「弥勒に同じ」(「親鸞聖人御消息」)といわれました。

文字通り「仏々相念」の境地で、如来と「等しい」のです。遠慮することはいりません。煩悩を抱えた私たちに、ナモアミダブツの大いなる功徳を称賛する心が起ってくるのです。その境遇は諸仏の位であり、諸仏の仲間入りとなることです。ですが、次の日にはそんなことを忘れてしまいます。肉体がある限り、縁に触れ煩悩が顔を出すのです。仏さまと「同じ」というわけにはいきません。ですがまた、そこに歩みが生まれるということです。念仏申すことは、人間の深みに向けた歩みであるといえるのです。

(2019・4放送)

普放無量無辺光　無碍無対光炎王
清浄歓喜智慧光　不断難思無称光
超日月光照塵刹　一切群生蒙光照

あまねく無量・無辺光、無碍《むげ》・無対・光炎王《こうえんのう》、
清浄《しょうじょう》・歓喜・智慧光、不断・難思・無称光、
超日月光を放ちて塵刹《じんせつ》を照らす。一切の群生《ぐんじょう》、光照を蒙《かぶ》る。

あなたの名声（呼び声）は、今や光明となって成就され、至るところに輝き響き渡っています。量りなく、果てしなく、障りなく、並ぶものなく、炎のように燃えて闇を破ります。清らかでよろこびに満ち、深い智慧を輝かせます。絶えることのない、思いを超えた称《たた》えようもない光明は、日や月よりも明るく、世界の隅々を照らし、生きとし生けるものの命を輝かせています。

第10話

光のなかの発見

「重誓名声聞十方」（重ねて誓ふらくは、名声十方に聞えんと）というところまで終わりました。きょうはその次、ナモアミダブツの名となり声となって、私たちによろこびの世界を開こうとされた法蔵菩薩の願いはついに成就され、今や光明となって私たちを照らします。

その光は12の功徳（はたらき）をもって照らしていると続きます。それが「あまねく（普放）無量・無辺光、無碍・無対・光炎王、清浄・歓喜・智慧光、不断・難思・無称光、超日月光を放ちて塵刹を照らす。一切の群生、光照を蒙る。」この光に照らされないものはないと続きます。

12の光の特色ですが、阿弥陀仏という仏さまがどこかにおられて12種類の光を放っておられるのではありません。ナモアミダブツの呼び声によって私たちに開かれてきた明るいよろこびの体験を、光の体験としてほめたたえた表現だと言えばいいでしょう。

「十方微塵《みじん》世界の　念仏の衆生をみそなはし　摂取してすてざれば　阿弥陀となづけたてまつる」（「浄土和讃」）と親鸞聖人がおっしゃったように、阿弥陀さまという仏がどこかにおられて救いの手を差し伸べておられるというなら、その存在を証明しなければなりません。

阿弥陀は主語ではなく述語になっています。念仏する者をじっと見つめて（みそなわし）、救いとって捨てない方がいらっしゃる。それを阿弥陀と名付けるのだという、目覚めの（光の）体験のなかでの発見です。阿弥陀仏とは〝発見〟なのです。

そもそも光とは

そもそも、光とは何でしょう。光といえば太陽の光、蛍光灯の明かりをまず思い浮かべます。光とは明るく輝いているモノだと考えてしまいますが、光の本質は色もなく形もなく、逆にものを顕わにするはたらきというべきものです。

1961年、世界初の大気圏外の有人宇宙飛行を行なったソ連のガガーリンは、「空は非常に暗かった。しかし、地球は青かった」と言いました。地球よりも太陽に近い宇宙空間が真っ暗なのは、光を妨げるものがないからです。光は妨げるもの、妨げる地球を捕えてそれを顕わに光らせるのです。ですから、光とは色もなく形もなく、光とは妨げるものを照らし出すはたらきというものです。光を受けたものの上に、その存在を示すものが光です。

光はまた闇を照らすものです。ローソクの火や懐中電灯によって、暗闇で見えなかったものを顕わにし、私たちを安心させます。ローソクや電灯や太陽の光や月の明かりなど、これらはすべて物質の明かりですから、仏教では「色光《しきこう》」といいます。色即是空の色と言う字に光と書きます。形ある物のことを仏教では「色」（しき）といいます。物質的光「色光」は物を照らし明らかにする光です。

それに対し、心を照らす光を「心光《しんこう》」といいます。例えば、暗闇で激しい音がします。「色光」によってケンカということが分かりますが、どうしてケンカになったのか分かりません。どうしてそうなったのか、心の内まで照らす光を「心光」といいます。「心光」は外側だけではなく、私たちの心のなかを照らし、己の姿を顕わにする光なのです。

音が閉ざされている闇

また、私は「闇」（やみ）と言う字はとても面白い字だと思います。「門」構えの中に「音」と書きますが、イメージとしては闇とは光が閉ざされた状態ですから、「門」の字の中に「光」と書く方がいいように思いますが、門の中に音が閉ざされている状態が「闇」という字です。つまり、阿弥陀如来の呼び声が閉ざされて、聞こえなくなっている状態を「闇」、心の闇と味わえるかもしれません。

また、観音菩薩の「観音」は音を観《み》ると書きます。人間の苦悩の叫びの音を観る、音を観じるという意味があります。また、光を聞く「聞光《もんこう》」という表現も仏教にあります。如来大悲の心光のなかに、如来の声を聞くということです。闇を破る光の根本は音、如来の呼び声「名声」を聞くということだったと味わうことができるでしょう。

さらに親鸞聖人は、阿弥陀仏とは「尽十方無碍光仏《むげこうぶつ》ともうすひかりにて、かたちもましまさず、いろもましまさず、無明の闇をはらひ悪業にさへられず、…しかれば、阿弥陀仏は光明なり、光明は智慧のかたちなりとしるべし」（「唯信鈔文意」）といわれました。

阿弥陀仏の12の光のはたらきの根本は、さわりなき無碍光であり、闇をはらう智慧光と押さえることができるということです。さわりなき無碍光は、さわりある私の煩悩の闇を捕えて光るのです。顕わになった私の煩悩への気づきが、すなわち智慧の光の体験ということに他なりません。

生き物はみんな光に向かって成長します。ナモアミダブツの呼び声は心光となって、常に我が身を照らしています。どんな人をも守り照らしている光なのに、しかしそれに気づかずに念仏申すことがなければ、心光のよろこびに触れることはできません。気づき、うなずきが私に求められ、待たれているのです。

念仏申すとき、光の仏によって私の煩悩が照らされてきます。光りはそれを妨げるものを顕わにする働きでした。私の煩悩と切っても切れない光の如来が自覚され、そこに救い（よろこび）が開かれるということでした。阿弥陀仏の12の光、次回にも続きます。

（2019・5放送）

第11話

十二の光

生き物はみな、光に向かって成長します。ナモアミダブツの呼び声は私たち一人一人の心を照らす光（心光）となって働いています。光りはそれを妨げる私の煩悩と切っても切れないのが光の如来です。逆に言えば、煩悩に気づかされるところに如来ましますのです。単純に言えば、仏さまが分かるということは、私の煩悩が見えているということです。如来と私の結びつきの表現が、光の体験の内実です。

さて、きょうのところ、阿弥陀仏の12の光は私に向かって、私の煩悩を捕え、それを顕わにし、私を新たな地平へと導き、清らかな信心をめばえさせます。それが、「普放、無量・無辺光、無碍《むげ》・無対・光炎王《こうえんのう》、清浄・歓喜・智慧光、不断・難思・無称光、超日月光照塵刹《じんせつ》」です。

煩悩あるゆえに私にはたらく阿弥陀仏の光は、まず①無量・②無辺光、限りあることなき・かたよりあることなき光です。時間的にも空間的にも限定されない、いつでも、どこでも障りある私の煩悩を捕えて光る障りなき③無碍光ということであります。（無碍光が一つの押さえです。「親鸞聖人御消息」）

その光は菩薩方の智慧に対しても比べられない④無対光であり、また諸仏の光のなかでも最も優れた⑤光炎王です。それは、私たちに貪りの心を気づかせる⑥清浄光であり、怒りをおさめ心によろこびを開く⑦歓喜光であり、迷いの根源である無明の闇を破る⑧智慧光にまとめることができます。これらの光は⑨不断・断えることなき、⑩難思・思いも及ばない、⑪無称光・たたえることもできない、例えて言うならまさに⑫超日月光・日光や月光を超えた光だといわれます。

十二光の実感

十二光という数は10とか7とか60などと同じで、満数を意味します。西方極楽に阿弥陀如来という仏さまがおられて、12の光を放っておられるというのではなく、阿弥陀如来の大悲とのめぐり会いが、光の体験の内実として12通りに表現されると言えばいいでしょう。

超越的な神のような阿弥陀仏がまず先にあって、迷える人を救うのではなく、迷える悩む者がいるところに阿弥陀如来が働いているのです。赤ちゃんが泣くところに、飛んでくる母親がいるごとく、迷い苦しむ私がいるからこそ、それを大悲する仏がいるという、この如来と私との関係が12の光で讃えられているのです。

しかし、この阿弥陀仏の十二光の働きの一つ一つを、なるほどと具体的に実感できればいいですが、どこか説明的で抽象的だと思われることでしょう。「正信偈」はとても哲学的な深さをもっていますが、理論だけで心が救われることはないと思います。光の体験は悩み苦しみから解放されるという具体的なものですから、例えばこんな表現がふさわしくなってくるかもしれません。

これは蓮如上人の言葉です。「弥陀ほとけの御袖《おんそで》にひしとすがりまゐらするおもひをなして、後生をたすけたまへとたのみまうせば、この阿弥陀如来はふかくよろこびましまして、その御身より八万四千のおほきなる光明を放ちて、その光明のなかにそのひとを摂め入れておきたまふべし」(『御文章』)と述べられました。

まさにこの「正信偈」の十二光の功徳(はたらき)を、生き生きと具体的に表現されているところですが、私は若いとき、このような蓮如上人の語りに俗っぽいものを感じ、好きになれなかったことを覚えています。

人格的になる光

「弥陀ほとけの御袖にひしとすがりまゐらするおもひ」には、この世的な人格神のようなものを感じましたし、「後生をたすけたまへとたのみまうせば」即ち、のちの世の平安を祈るというような表現には現実逃避のようなものを感じ、「阿弥陀如来はふかくよろこびましまして」には好々爺のような響きを感じ、「御身より…おほきなる光明を放ちて、その光明のなかにそのひとを摂め入れておきたまふべし」は余りに中世的で、とても実感することができませんでした。

しかし、私も高齢者の仲間入りをした今、この蓮如上人の表現にさほど違和感をもたなくなりました。あれこれと頼りにならない自分自身に気づかされ、自分の力があてにならない自力無効と知らされるとき、そこに響いてくる阿弥陀如来の生き生きとした呼び声に気づかされてきます。「弥陀ほとけの御袖にひしとすがりまゐらする」という表現は、格別不自然でないような気がしますし、阿弥陀仏を人格的な仏ととらえることは、むしろ阿弥陀仏をよりリアルに受け止めて体験していることではないかとさえ思えます。

また、断捨離や終活にあれこれと悩むとき、すべてを弥陀に任せることができれば、むしろ前向きになれるのではないかと思ったり、怒りやわだかまりや、受け入れることができないものが受け止められるとき、大いなる光明に包まれていき、やがて安らかな往生につながっていくのではないかと思ったりしてきました。

念仏の篤信者・妙好人は阿弥陀仏のことをよく「親さま」と表現しました。赤子が母の乳房をまさぐる感覚も、力いっぱい走って来て親の胸に飛び込む子の勢いも同じことです。子を呼んでいる、子を思っている親がいるからです。「親さま」とは如来大悲の人格的な表現だったのです。

生き生きとした如来大悲を感じるとき、大悲は人格的なものになるのでしょう。そして、それはそのまま大いなるものに包まれているという、光の具体的な体験であったといえるのではないかと思います。

（２０１９・６放送）

第12話

これまでのおさらい

きょうはこれまでのおさらいです。「帰命無量寿如来　南無不可思議光」ナモアミダブツ。永遠なる仏よ！　私（親鸞）の命は今、量りなき寿に生かされ、智慧の光に呼び覚まされました。私はここに、あなたの無量寿なる願いに、不可思議なる光に、帰命し信順いたします。

「法蔵菩薩因位時　在世自在王仏所」これから私に、ナモアミダブツのいわれについて語らせてください。あなたは、菩薩という人間的な姿を示して、私たちにその広大なお心を物語ってくださいました。

遥かなる昔、国王であるがゆえに、力がこの世を支配すると思っていたあなたは、世において自在に輝く〝世自在王〟と呼ばれる仏さまに出会い、その説法に感動し、国を棄て王を捐て世俗の力のすべてを捨てて、〝法蔵〟という求道者になられました。

「覩見諸仏浄土因　国土人天之善悪　建立無上殊勝願　超発希有大弘誓」そして、すべての人が幸せになれる優れた仏国土をつくりたいと願い、様々の仏さまの世界の成り立ちや、その国の人々の善悪の姿を見極めて、さらにまた誰しもが生まれることができる国にしたいと、大いなる願いをたてられたのでありました。

「五劫思惟之摂受　重誓名聲聞十方」その願いの数は48通りにもなり、その誓いを成就するために、五劫という計り知れない時が流れました。思惟に思惟を重ね、誓いの根本は「名声」（ことば）になるということでありました。即ち、ナモアミダブツの名となり声となって、人々を目覚ましめ、苦悩から救い、やがて仏国土に導かんと重ねて誓われたのであります。

「普放無量無辺光　無碍無対光炎王　清浄歓喜智慧光　不断難思無称光　超日月光照塵刹　一切群生蒙光照」あなたの名声（呼び声）は、今や十二の光明となって成就され、世界の隅々を照らし、生きとし生けるものの命を輝かせています。

ブラック・ライブズ・マター

さて、その十二光の結びです。あまねく十二光を放って「塵刹《じんせつ》を照らす。一切の群生《ぐんじょう》、光照を蒙《かぶ》る」というところです。「塵刹」とは国土の数が多いことを塵《ちり》にたとえる表現で、大宇宙に数え切れないほどある国土の隅々を照らしているということです。塵は汚れたものということで、特に煩悩を指していることでしょう。「群生」ということも煩悩に埋没し群がって生きているものということです。十二光はそんな塵刹の群生の闇を破り、その命を輝かせるのです。

そのことについて思い起こすことがあります。２０２０年の5月にアメリカのミネソタ州で、ジョージ・フロイドという名の黒人男性が、偽20ドル札使用の容疑で白人の警官に窒息死させられた事件がありました。また8月にはウィスコンシン州でも同じく黒人男性が背後から警官に7発撃たれるという事件がありました。

それに対し、全米オープンで優勝したテニスの大坂なおみ選手は、「私はアスリートである前に、一人の黒人の女性です。私のテニスを見てもらうよりも、今は注目しなければならない大切な問題がある」と語り、試合の入場時には人種差別に抗議するスローガン「ブラック・ライブズ・マター（BLM＝黒人の命も大事だ）」と記されたTシャツを着たり、また差別の犠牲になった7人の黒人の名前を記したマスクを、日ごとに付け替えたりしたことに共感の輪が広がりました。

彼女自身、幾多の差別を受けてきたに違いありません。黒人差別に立ち向かったキング牧師は、I Have a Dream（私には夢がある）という有名な演説を行ないましたが、またこうも言っていました。「最大の悲劇は、善人による沈黙だ」と。沈黙は差別の容認であり、善人は得てして肝心な時に沈黙するものです。多くの重圧を背負いながら優勝した大坂なおみ選手の一連の行動は、政治的な発言というより人間としての原点からの訴えであったと思います。

金色（きんいろ）と金色（こんじき）

阿弥陀如来の本願、仏さまの願いの一つに「悉皆金色《しっかいこんじき》の願」（3願）があります。お仏壇のなかもお寺の内陣も、仏さまにも金箔が貼られています。仏さまのさとりの世界である浄土では、すべての〝いのち〟が金色（こんじき）に輝いており、一つとして輝いていない〝いのち〟はないという ことを表しています。

逆に言えば、仏さまの目から見れば、すべての〝いのち〟は本来金色に輝いて平等でなければならないのに、この私たちの世界は肌の色の違いなどによって差別や偏見に満ちている。そんなことのない世界をつくりたいと誓われたのが仏さまの願いなのでした。本願文《ほんがんもん》のなかに如来の願いを読みとるとき、その願いと逆行している人間社会の現実を見つめることが大切です。

平泉中尊寺に国宝の金色堂がありました。これを「きんいろどう」と呼ぶ人はいません。金色（こんじき）は金色（きんいろ）ではありません。金色（きんいろ）は個別の色の一種ですが、金色（こんじき）とは色を超えた光を意味します。光は個々のものを輝かせ明らかにします。青は青に、赤は赤く輝かせるように、肌の色を差別なく平等に輝かせるのです。白を照らし、黒を照らさないことはありません。

差別や偏見がない世界ほど、住みやすい世界はありません。肌の色による不当な差別や偏見は克服せねばなりません。肌の色の違いのままに、すべての〝いのち〟を金色に輝かせたい。それが12に展開される光の如来（阿弥陀仏）の願いでありました。

本願名号正定業　至心信楽願為因

本願の名号は正定《しょうじょう》の業《ごう》なり。至心信楽《ししんしんぎょう》の願を因とす。

成等覚證大涅槃　必至滅度願成就

等覚《とうかく》を成《な》り大涅槃を証することは、必至滅度《ひっしめつど》の願成就なり。

さて、そのなかでも、あなたが17番目に誓われた本願の名号（ナモアミダブツ）は、諸仏方がほめたたえておられ、私たちが仏さまの世界に生まれて往く道を正しく定めてくださるものでした。

その道は、18番目に誓われた、諸仏方がほめたたえておられる仏のまことの心（信心）を、私たちがいただくことによって実現されるのでありました。

私に仏のようなまことの心が起こり、やがてさとりの世界に至ることができるのは、私の力によってではなく、必ずさとりに至らせようという、あなたの11番目の願いが成就しているからでありました。

第13話

信心が仏に成る因

「正信偈」の前半のまとめの大事なところです。「本願の名号は正定《しょうじょう》の業《ごう》なり。至心信楽《ししんしんぎょう》の願を因とす。等覚《とうかく》を成《な》り大涅槃を証することは、必至滅度《ひっしめつど》の願成就なり」というところです。

ずいぶんと専門的な言葉が続きます。ラジオでお伝えできる範囲を超えている気もしますが、肝要のところです、お付き合いくださ い。簡潔にいえば、「念仏申し仏になるのは、信心をもととする」ということです。このたった一言を理論づけるためには、経典に基づかなければなりません。お経にないことを勝手に主張することはできません。だいたい、仏になるには仏に成る行が必要とされるのに、ナモアミダブツと称えるだけで仏さまになれるのはどうしてか。ましてや、信心が仏に成る因であるとはどういうことか、なかなか理解できないことだと思います。

単純に言えば、こうなります。ナモアミダブツという声が私の口から出てくるとき、それは如来の清らかな心が私に開かれてきたということであるから、その仏さまのような心（信心）が、やがて私をして仏さまの世界に生まれて往くことになるのだということです。

これですべてなのですが、親鸞聖人の教えの骨格である「信心」をめぐるところですので、もう少し詳しく押さえていきましょう。まず、「本願名号正定業」本願の名号（諸仏方がほめ讃えておられる、法蔵菩薩が成し遂げたナモアミダブツの呼び声）は、正定の業（私が仏になる正しく定まった行為）であるということ。（それは法蔵の第17願の誓いでした）。

しかしながら、諸仏方のように純粋に念仏できない私たちにとって、どうしたら仏になることができるのかといえば、至心信楽の願と名づけられた法蔵菩薩の第18番目の誓いによって実現するのです。それは諸仏方が称えておられるナモアミダブツのまことの心を疑いなくいただくという「信心」を因《もと》にして仏になっていくという道であります。これが「至心信楽願為因」という18願です。

これが18願

なぜこんな面倒なことになるかというと、煩悩を離れた清浄な悟りの世界の仏さまを、煩悩だらけの私たちが念仏し拝むとき、往々にしてご利益を期待するような不純な念仏、そろばん勘定の信心になってしまうからです。煩悩を離れた心で拝むとき初めて、清浄なる仏の心が私に開かれてきて、これが仏を拝む、念仏申すということでなければなりません。

しかし私たちには、そのような純粋な心で念仏することなど、なかなかできません。ナモアミダブツという名となり声となってはたらいている阿弥陀如来の行を讃嘆することが出来るのは、清浄な諸仏の位にあるものだけなのです。仏と仏が相念じるというのが念仏の根本でした。

ですから、〝私が〟念仏を唱えて仏に成っていくのではありません。私が念仏を唱えて仏になるのならば、たくさん唱えたり、大きな声で唱える行をする方が効果的でしょう。念仏はそのような人間の自力の行ではありません。

「唱える」という字には自力のニュアンスがあり、念仏は阿弥陀如来の他力の行であり「称える」という字を当てます。〝私を〟覚醒する彼方からの呼び声が念仏です。それを讃嘆できるのは仏の位にあるものだけなのです。私たちはその成り立ちを信じ、いただくばかりです。

阿弥陀如来の声に呼び覚まされて、一声でも念仏申さんと思うとき、そのとき私も阿弥陀仏を讃える諸仏の世界に迎えられるのです。私の煩悩が本願をいただく場所となるのです。そのときの念仏は、私が行なう私の「行」とは言わずに「信」といいます。

念仏はあくまで如来の行、如来の呼び声にうながされて私に恵まれてきた信心（如来のまことの心）が、私をして念仏せしめ、諸仏の位（境地）に導くのです。これが18願です。信心はスルものではなく、いただくもの、めざめです。

「等覚《とうかく》」依って立つところ

自力の行ができない者でも、如来のまことの心をいただく「信心」の立場に立つことならできるだろうということです。なんで、こんな回りくどい話になるのでしょうか。親鸞聖人の教えを理解するために、しばしばこのようないらだちを感じますが、いらだちの部分にこそ、聖人のご苦労があったといわねばなりません。仏に成るために何の行もできない私たちでありながら、差別なく等しく救われてゆく「信心」の道が明らかにされたということです。

そしてこの、私と如来大悲の結びつきを疑いなく信ずるとき、それがその次の「成等覚証大涅槃必至滅度願成就」すなわち、（等覚を成り大涅槃を証することは必至滅度の願成就なり）という文言に続きます。本願を信じる者は必ず仏に成る身と定まり、やがて大涅槃を証する（さとりの世界に生まれる）ことになる。そのことは、法蔵菩薩の第11番目の願いである必至滅度の願の力によるものであると続きます。

必ず仏に成る身と定まることを「正定聚《しょうじょうじゅ》」と言いますが、間違いなく仏さまに成る道を歩むものになったということです。仏さまと同じになったのではありません。仏さまの悟りに等しい「等覚」という智慧を得るのです。〝同じ〟と〝等し〟には距離があります。そこに歩みが生まれます。

肉体がある限り、何をしでかすかもしれません。仏さまになるとは、如来大悲と一体になって働くものになるということです。それは死後のことです。今は彼方の如来大悲を仰ぐものです。仰ぐところに如来の智慧の一端に触れるのです。これが「等覚」です。そして、この「等覚」が浄土真宗の依って立つところであります。ずいぶん専門的な話になりましたが、この「等覚」について、次回、具体的にお話しします。

（２０１９・７放送）

第14話

等覚とは複眼の智慧

「等覚を成り大涅槃を証することは、必至滅度の願成就なり」というところでした。念仏によって「等覚」という仏さまの悟りに等しい智慧を得るといわれたのです。悟りの智慧を得て仏さまと同じになったのではありません。〝同じ〟と〝等し〟には距離があります。「等覚」とは、悟りの智慧の一端に触れるといえばいいでしょう。そこに歩みが生まれるということです。智慧は私を歩ませる力となるものです。

「等覚」とは私なりの表現をすれば、〝複眼の眼〟が私に開かれてくるということです。自分中心の眼から、それを超えたもう一つの眼をたまわるということです。二つの眼をもつことによって、今まで見えなかったもの、気づかなかったことに気づくという深くて豊かな世界観、優しく他を思いやる心が開かれてきます。

例えば、星野富弘さんという方を知っておられると思います。よくカレンダーで美しい花の絵と優しいことばを見たりします。もと、中学校の体育の先生だったのですが、器械体操の宙返りの途中、頭からマットに落ち、体が動かなくなるというたいへんな苦しみを体験されました。自暴自棄の2年間が過ぎた頃、ふとしたことで口にサインペンをくわえ、字を書こう絵を描こうとされました。

星野富弘さんの『風の旅』という本のなかにこんな詩があります。「いつか草が　風に揺れるのを見て　弱さを思った　今日　草が風に揺れるのを見て　強さを知った」。大樹のように順風満帆《まんぱん》のときは、草など取るに足りない、か弱いものに過ぎません。他人の弱さ悲しみなども見えません。中学の先生だったときはそうだったのです。ところがこうした辛い身になった或る日、風になびく草に、倒れない大樹のようなたくましさを発見するのです。つまり、〝同じものがまったく違って見えてくる〟のです。これが複眼の眼です。世界が二つになるのです。

また、ご存知の金子みすゞですが、彼女の歌は100年経った今でも多くの人に口ずさまれています。それは、みすゞの歌の特徴が弱きものが見ている複眼の眼差しに立っているところにあります。例えば「雀のかあさん」という詩。「子供が子雀つかまえた。その子のかあさん笑ってた。雀のかあさんそれみてた。お屋根で泣かずにそれみてた。」

屋根の上で、黙ってじっと耐えている「泣かずに」いる母雀の悲しみの深さ。一方、つかまえた雀と遊ぶ我が子の微笑ましさ。それがときに愚かで残酷でもあるという眼差しが、さりげなくうたわれています。生きることにともなう人としての悲しみがしっかり見つめられています。この複眼の眼をもつことが、人生を深く生きるということになり、仏の悟りの「等覚」に通じる智慧の眼ということができます。そして、それがやがて浄土を発見する眼になっていくと思います。

「千の風になって・花は咲く」

また、複眼の眼は死者からの眼差しを感ずるということでもあると思います。少し前に秋川雅史《あきかわまさふみ》さんの「千の風になって」という歌がヒットしました。「私のお墓の前で　泣かないでください　そこに私はいません　眠ってなんかいません　♪　千の風に　千の風になって　あの大きな空を　吹きわたっています」とありました。

この歌詞は仏教的でないといった人がいましたが、どこ吹く迷いの風ではなく、自由自在に吹いている浄土真宗的な風の表現だと思います。私が死んだら阿弥陀如来の智慧の光と一つになり、ナモアミダブツの呼び声となり、今は大悲の風となって、いつでもあなたの傍にいて護っていますよという、そんな死者からの目が意識されています。

また、東北大震災の被災者を応援するために作られた「花は咲く」という歌は、「真っ白な　雪道に　春風香る／私は懐かしい　あの街を思い出す／叶えたい夢もあった　変わりたい自分もいた／いまはただなつかしい　あの人を思い出す／誰かの歌が聞こえる　誰かを励ましてる　誰かの笑顔が見える　悲しみの向こう側に／…♪　花は　花は　花は咲く　私は何を残しただろう」

誰もが知るいい歌ですが、これを語り歌っている「私」とは誰でしょう。それは震災で亡くなった死者です。悲しみと無念な思いを抱えながらも、その悲しみの向こう側に生きている生者の幸せを祈っている歌詞となっています。

「千の風になって」も「花は咲く」にしても、死者は生者と深く関わり、生きているもののそばにいて、生きているものを励まし護っているのです。

仰ぐものから働くものへ

複眼の眼は、私にもう一つの眼が開かれるということであり、また死者からの眼差しを感ずるということでもあります。悲しむということは、その人がいなくなって遠くへ行ったから悲しいのではなく、亡くなった死者が生きて私の傍にいるからこそ、悲しいのです。遠くに行ってしまうなら何者でもないのです。死者と関わる悲しみのなかにこそ、死者も生者も救われていくことになるのではないでしょうか。

「成等覚証大涅槃　必至滅度願成就」のところでした。大涅槃を証するとは、如来大悲と一体になって苦悩するものに向けて働くものになるということです。それは死後のことです。今は如来大悲を仰ぐものです。仰ぐところに如来の智慧の一端に触れるのです。これが複眼の目の「等覚」です。そして、ともに命を通い合わす「倶会一処」の浄土（必至滅度の願い）に向けて歩んで行こう。やがて如来大悲と一体になって働くものになる。仰ぐものから働くものになるのだと述べられているのです。

（２０１９・８放送）

如来所以興出世　唯説弥陀本願海
五濁悪時群生海　応信如来如実言

如来、世に興出《こうしゅつ》したまふゆゑは、ただ弥陀の本願海を説かんとなり。
五濁《ごじょく》悪時の群生海《ぐんじょうかい》、如来如実《にょじつ》の言《みこと》を信ずべし。

思えば、お釈迦さまがこの世に出現してくださったのは、ただひとえに海のように果てしなく、広く深い阿弥陀仏の本願を説くためでありました。

世も人も濁った悪い時代のなかにあって、迷いの海に溺れている私たちは、まさに如来が私たちを呼び覚ましておられる真実の言葉に耳を傾け、阿弥陀仏の世界に生まれて往くべき時であります。

能発一念喜愛心　不断煩悩得涅槃
凡聖逆謗齊廻入　如衆水入海一味

よく一念喜愛《きあい》の心を発すれば、煩悩を断ぜずして涅槃を得るなり。
凡聖《ぼんしょう》・逆謗《ぎゃくほう》斉《ひと》しく回入《えにゅう》すれば、衆水《しゅすい》海に入りて一味なるがごとし。

そもそも、本願を信じ喜ぶ心が、ひとたびわが身に起こるとき、煩悩を断たなくても、仏のさとりの智慧を得ることができるのです。
凡夫も聖者も、また仏の教えに逆らう人も、本願を信じ己にとらわれる心をひるがえすならば、様々な川が大海に入って一つに溶け合うように、みな等しく救われるのです。

第15話

本願海と群生海

阿弥陀如来の本願・名号・光明のいわれが述べられた「弥陀抄」の部分が終わり、「釈迦抄」といわれるところに入ります。「如来、世に興出したまふゆゑは、ただ弥陀の本願海を説かんとなり。五濁悪時の群生海、如来如実の言を信ずべし」というところです。

この「如来」というのは、この世に興出したもう、お出ましになった仏さまということですから、具体的にお釈迦さまを指します。お釈迦さまは「唯説」、ただただ阿弥陀仏の本願の世界を説かれたといわれます。煩悩の果てしない海に沈む我らは、まずお釈迦さまが説かれる海のごとく広大な本願のまことを信じようではないかという意味です。

まずここで、「海」という表現が「本願海」と「群生海」という両方に使われています。海より大きく果てしのないものはありません。京の都で海を知ることのなかったであろう親鸞さまは、越後上越に流罪になられ、冬の日本海を見られたことでしょう。海の本質は荒れ狂う力にあるでしょう。「群生海」とは、群がって埋没して生きているものの表現です。海に溺れる者同士が互いにすがりあっているような、救いがたい五濁の時代の人間の在りようを群生の海と例えられています。それを救わんとするのも本願の海です。煩悩に荒れ狂う海とそれを鎮めようとする本願の海が台風のごとくに、うねりあっているというイメージが湧いてきます。

五つの濁りの時代

五濁悪時とは「劫濁・見濁・煩悩濁・衆生濁・命濁《みょうじょく》」という五つの濁りの時代のことを言います。（「阿弥陀経」）お釈迦さまが亡くなられて世も末になると、世の中が濁って人間の存在も濁って、分からなくなってくるという時代認識です。最初の「劫濁」とは諸々の悪いこと、犯罪などが倍増する時代になるということです。どうしてあんな凶悪なことが起きるのか、複雑で分からなく信じられなくなってくる時代をいいます。

2番目の「見濁」とは、思想の濁りということで「自身の衆悪は総じて変じて善となし、他の上に非なきをば見て是ならずとなす」（善導「観経疏《かんぎょうしょ》」）といわれるように、自分の過ちは間違っていないと押し通し、他人の正しい考えであっても、自分の意見と違うときには間違っていると言い張るという、自分の見方、考え方を絶対視する時代です。

3番目の「煩悩濁」は、「悪性にして親しみがたし。六根に随対《ずいたい》して貪瞋《とんじん》競ひ起る」すなわち、人と人との交わりがなくなってきて、目や耳や口を刺激する貪りの快楽が激しくなり、それが満たされない時の怒りが次々に起こってくる時代のことです。4番目の「衆生濁」は、初めは純く善だったものを次々に失っていくということ、生活が乱れ汚れて人間性を喪失していく時代になることを

います。

最後の5番目は「命濁」、「多く殺害《せつがい》を行じて、慈しみ恩養することなし」といわれるように、命の重さが分からなくなって、人を殺すことに躊躇がなく、人を慈しみ育てるといった心がなくなっていく時代です。命濁は人の命が短くなる「人寿短小」の時代だとも説かれますが、外見のことではありません。平均年齢は伸び、人の体は大きくなっていますが、精神年齢は短くなり、生き方や根性はますます小さくなっています。

五濁の世は一歩間違えば、何が起こるか分からない悪の時代であり、またこの私自身も何をしでかすか分からない濁りの時代を生きているという時代認識です。次々起こる今日の事件を見るにつけ、いつの時代にも当てはまることだと思います。

このような五濁の私たちの為に、お釈迦さまは弥陀の本願を説くために、この世にお出ましになられたと親鸞さまはおっしゃいました。弥陀の本願が広まれば五濁の世でなくなるというより、五濁の自覚を得ることによって人間を見る目、煩悩を抱えた己を見る目、濁った時代を見る透明な眼が開かれてきて、人間性を取り戻す機縁になるということでしょう。

お釈迦さまと阿弥陀さま

ところで、お釈迦さまはたくさんのお経を説かれましたが、何故ただただ弥陀の本願を説くためにこの世に出現されたといえるのでしょうか。それは、お釈迦さまは阿弥陀仏の世界から、この世に誕生された仏さまだと親鸞さまが押さえられたからです。

お釈迦さまは今から2500年ほど前にインドに生まれ、80歳までおられました。ご飯も食べ寝起きもし、それは私たちと何ら変わるところはありませんでしたが、決定的に違ったのは悟りの智慧を得た人（ブッダ・仏さま）と人々から呼ばれたことです。

お釈迦さまは80年の有限なる生涯を閉じられましたが、お釈迦さまの悟りの智慧は永遠なるもの、普遍的なものでした。この永遠なる、普遍的なもの、それをアミダといいます。お釈迦さまをしてブッダたらしめた永遠なる智慧のかたちを阿弥陀仏（法身《ほっしん》）といいます。ですから、阿弥陀仏とは死なないお釈迦さま、永遠なるお釈迦さま、お釈迦さまをして仏さまたらしめた根源の仏さまの姿なのです。

親鸞さまは「久遠実成《くおんじつじょう》阿弥陀仏　五濁の凡愚をあはれみて　釈迦牟尼仏としめしてぞ　迦耶城《がやじょう》には応現する」（「浄土和讃」）といわれました。お釈迦さまが、たまたま弥陀の本願を説かれたのではなく、永遠なる阿弥陀仏が五濁の我らの在りようにいたたまれなくなり、お釈迦さまという人間の形になって（応身《おうじん》といいます）インドのガヤ（悟りの地・迦耶）にお姿を現わされたのです。このお釈迦さまの「如来如実の言を信ずべし」という言葉を、他人事ではなく、五濁の時代を生きる私ごとと聞けるか否かが肝要なことになってきます。

（2019・9放送）

第16話

信心のリアクション

「五濁悪時の群生海、如来如実の言《みこと》を信ずべし」ところまできました。お釈迦さまが説かれているまことの言葉（呼び声にまでなって働いているナモアミダブツ）を信じていこうではないかという結びの言葉でした。

信心とは私がスルものでなく、如来の真《まこと》の心のことでしたから、往々にして信ずるということは、如来のうながしによって信じさせてもらうことだとか、ただいただくものであるというふうに、受動的に語られることが多いように思います。しかし、ここではむしろ「如来如実の言を信ずべし」という表現に、自分の心を当てにするのではなく、本願をこそ拠りどころにしていこうという前向きな表現であることに注目したく思います。

「信心獲得《ぎゃくとく》すというは～」と言ったのは蓮如上人でした。「ぎゃくとく」は今日の「かくとく」という字ですが、獲得の「かく」は獣編、私の方から捕まえるという字です。私の心を中心とする生き方を捨て、如来の広大な心を信じていくのだという積極性を読み取るべきでしょう。

そのことについて私の友人が、面白いことを言いました。信心は如来の真の心だから、それをいただくということは己の恥ずかしい心に気づくということに他ならない。それは受け身的かもしれないが、例えばズボンのチャックが開いていたことに気づけば、すぐに元に戻すだろう。それと同じように、「信」には、気づきにともなう積極性があるものだ。前向きな行為につながらないなら、それは信じたということにはならないのではないかと。なるほど、信心には能動的なリアクション（反動）があるということです。

喜愛の心とは

さて、この「如来如実の言を信ずべし」という言葉が、つぎの「能発一念喜愛心」（よく一念喜愛の心を発っすれば）に続きます。「能発」よく発すればという表現は私が主語にちがいないのですが、喜愛の心は基本的に私の持ちものではありません。喜愛の心とはもともと如来の真の心です。

〝喜〟は如来のまことの心を信じる喜びのこと、〝愛〟はそれを願い求めることをいいます。

私たちの心はともすると他人の悲しみを見て見ぬふりをし、喜びには妬ましく思います。しかし、如来のまことの心は、他人の悲しみを一緒になって悲しむ心、他人の喜びを一緒になって喜ぶ心ということができるでしょう。

自分を中心とする自愛の心のあさましさに気づき、如来の広大な心を仰ぐことができれば（応信如来如実言）、私に如来のような喜愛の心が恵まれてくるということでしょう。喜愛の心は私が起こす私の持ち物ではないのですが、「応信」（信ずべし）といわれるように、如来のまことの心を私が選び取ることができるならばという積極的な意味合いを、「能発」（よくほっすれば）という表現からくみとるべきなのかもしれません。

私に如来のような喜愛の心が起ってきたならば、さてどうなるのでしょうか。それが次の「不断煩悩得涅槃」（煩悩を断ぜずして涅槃を得るなり）です。この表現も親鸞さまの重要な教えの一つです。

灰になっては智慧も滅する

煩悩と本能はどう違うのでしょうか。お腹がすけば何か食べたいと思います。これは本能です。でも、どうせ食べるのならおいしいものが食べたい。これが煩悩です。より良いものを手に入れたい。もっと若くありたい、美しくありたいなど、煩悩の〝煩〟という字は煩わす、〝悩〟は悩ますのです。自分の起こすこの思いに、悩み苦しみ迷うのです。

この煩悩を断ち切ることができれば、そこに悟りの智慧が開かれてきます。悟りを開いた人を阿羅漢（羅漢さん）といいますが、この煩悩が取り除かれた心安らかな境地を「涅槃」（ニルバーナ）といいます。煩悩の火が吹き消された状態というのが、涅槃の原意です。

しかし、人は肉体をもつかぎり完全な涅槃の境地に至ることができないとして、涅槃は人の死と結びつくことになり、お釈迦さまの死を涅槃に入ると表現し、涅槃会ともなりました。そして、羅漢さんはもう煩悩に左右されない人なのですが、生きている限り何があるかわからないという危険な余地が残っているという意味で、これを「有余《うよ》涅槃」不完全な涅槃といい、死とともに実現される完全な状態を「無余《むよ》涅槃」と呼びました。

死は人間の到達点、目指すべき「無余涅槃」の完成の境地ということになったのです。しかし、死んだときに悟りの智慧が完成し、安らかな境地になるというのでは、死んだときには智慧も滅んでしまい、何の意味もなくなってきます。生きているときに、煩悩があるときにこそ、悟りの智慧を得てこそ意味があると言わねばならないでしょう。

これを専門用語で「灰身滅智《けしんめっち》」といいます。(焼かれて灰の身体になってしまっては、せっかく煩悩を自覚させる智慧も滅して役に立たなくなってしまう)という意味です。人は灰になるまで煩悩を抱えるのです。灰にならない前に、煩悩を抱えながらいかにして悟りの智慧に触れることができるか、これがお釈迦さま亡き後の大きな課題になり、いわゆる大乗仏教に発展するのです。

それが、「不断煩悩得涅槃」(煩悩を断ぜずして涅槃を得るなり)ということなのです。私たちの常識は断煩悩＝得涅槃、煩悩を断ずることが涅槃の悟りの智慧を得ることだと考えますが、それはついに「灰身滅智」に終わってしまうのです。煩悩を断ぜずにどうしたら涅槃を得ることができるのか、その話は次回に続けます。

(2019・10放送)

第17話

「歎異抄」9条から

「不断煩悩得涅槃」のところです。私たちの常識は断煩悩＝得涅槃、煩悩を断ずることが涅槃の悟りの智慧を得ることだと考えますが、煩悩がありながら、どうして涅槃を得ることができるのか、というところです。

結論を先にすれば、煩悩があっていいのです。煩悩があるからこそ、如来大悲があるのです。この如来と私との決定的関係の自覚が、浄土真宗の根本です。それをテーマにしたのが「歎異抄」9条でした。親鸞聖人とお弟子の唯円との間の問答をちょっと振り返ってみましょう。

念仏称えていても、よろこびが湧いてこない。本当なら念仏はありがたいものなのに、よろこびの心が起こってこない。それは何故かというと、本当はよろこぶべきなのに、それを抑えてよろこばせないのは、自分を中心とする好き勝手な煩悩のせいである。

如来さまが何でおられるかというと、欲も多く、怒り腹立ち、嫉《そね》み妬む煩悩を抱えて苦悩する私という者がいるからです。念仏をよろこぶ人ばかりになれば、如来の仕事がなくなってしまうのです。念仏をよろこべない自分中心の私がいるからこそ、如来大悲は頼もしく私たちにはたらいているのです。煩悩が本願をいただく場所なのです。

ですから、念仏して飛び上るほどのよろこびがあったり、早く浄土に往きたいというのであったら、煩悩がない人ではなかろうかと、怪しく思われてきますと親鸞さまはおっしゃいました。この結びの言葉が、煩悩を否定せず人間を肯定する讃歌のように私には思えます。

禅僧・原湛山《たんざん》のエピソード

念仏によって特別な人間になるのではありません。煩悩があっても少しも構わない世界が描かれているのです。「不断煩悩」です。そもそも、煩悩があるものを人間というのです。念仏によって私の煩悩がいよいよ見えてきて、そこに仰ぐべき如来大悲が、サンサンと降り注いでいるのです。

煩悩を単純に悪いものと否定したら、この世はというより、生きること自体がとてもつまらなくなるように思います。煩悩は生きようとする生命の根源的欲求に基づくものだと思います。しかし、それが欲も多く、怒り腹立ち、嫉み妬むようなものである以上、いじめや差別や、他者への攻撃のように働いたり、逆に我が身を煩わす迷いの根本にもなります。

大切なことは、煩悩に捕らわれている自分の姿がどこまで見えているか否かということです。だんだん枯れていき、もうどうなってもいい、欲しいものは何もないというのは、それはそれで人間の完成の境地に近づいているということかもしれませんが、そのような人には如来大悲は積極的な意味をもたなくなります。

煩悩とは、もてあます生命力とこそ密接に結びついています。この生命力を否定せず、かつその暴走する仕組みを自覚し、沈める方法を知るということが基本です。

具体的なおもしろい話をしましょう。100年ほど前に、原湛山という立派な禅僧がいました。仲間の僧とともに旅をしていたときのことです。

はげしい雨が降ったある日、小川を渡れないで困っているうら若き女性を見て、彼女を抱いて向こう岸に渡してあげました。しばらく歩くと仲間の僧が、女性を抱くということは許されないのではないかと言いました。

湛山はそのとき、君たちはまだ女を抱いていたのか。私は岸に渡したときに女を降ろしたと言いました。湛山は「断煩悩」の境地、吹っ切れています。それが禅の悟りの境地といえるでしょう。私たちの心は湛山の連れの僧と同じ思いでしょう。

しかし、抱いていない女をまだ抱いていた自分の恥ずかしい姿に気づけば、湛山のすぐれた断煩悩の境地と同じであるといえるでしょう。これが「不断煩悩得涅槃」の境地といえるでしょう。

どこで一つになれるか

それが、次の「凡聖逆謗斉回入・如衆水入海一味」（凡聖・逆謗斉しく回入すれば、衆水海に入りて一味なるがごとし）です。「回入」するとは、回り入ると書きます。回り入るとは、私の思いが転換されるということです。正しいと思っている私の思いがひっくり返されるということです。湛山は女を降ろしたのに、自分はまだ抱いていたということに気づかされ、私の思いが転換されたときに、湛山の「聖」なる境地と仲間の僧たちと同じ私の「凡」なる境地が、斉しく一味になるということです。

越中弁で言う、ハシカイ利発な人も、ボッコイ私のような愚鈍な者もいるのです。「衆水海に入りて一味なるがごとし」とは、どんな川の水も海に入れば同じ海の味になるのです。澄んだ水もあり、汚染された水もあるのです。そのさまざまな川の水が一つになる世界とは、違うものが違うままで、差別されることなく一つになるという世界が、本願の世界なのだと述べられています。

本願の広大の海に入れば、「聖」なるものも「凡」たるものも、その小ささが知らされ、ともに「凡」たるものにすぎないという平等の地平が開かれてくるのです。煩悩を断たなくていいのです。断てない愚かな「凡」であるという自覚こそが大事なのです。

人間関係がますます希薄になっていく時代です。人と人とがどこで一つになれるのか。関係を結ぶ根本は、ともに煩悩を抱えている凡夫だという地平に立ち返ることだと思います。「如衆水入海一味」の言葉にはそのような自覚が求められているように思います。

（２０１９・11放送）

摂取心光常照護　已能雖破無明闇
貪愛瞋憎之雲霧　常覆真実信心天
譬如日光覆雲霧　雲霧之下明無闇

摂取《せっしゅ》の心光《しんこう》、つねに照護《しょうご》したまふ。すでによく無明の闇《あん》を破すといへども、貪愛《とんない》・瞋《しん》憎《ぞう》の雲霧《うんむ》、つねに真実信心の天に覆《おお》へり。
たとへば日光の雲霧に覆はるれども、雲霧の下あきらかにして闇《やみ》なきがごとし。

それはまた、こういうことです。摂め取って捨てない仏の光は、常に私たちを照らし護ってくださっています。すでに本願の力によって無明の闇は破れたのですが、私たちの貪りや怒りや憎しみの煩悩が、雲や霧のようになって、彼方からの仏の真実の働きを覆っています。しかし、それはそれでいいのです。たとえ日光が雲や霧に覆われていても、雲の下は真っ暗な闇ではないように、仏さまの光は私たちをしっかり包んでくださっているのです。

獲信見敬大慶喜　即横超截五悪趣

信を獲《え》て見て敬《うやま》ひ大きに慶喜《きょうき》すれば、すなはち横《おう》に五悪趣を超截《ちょうぜつ》す。

仏のまことの心を獲ることができれば、敬うものが見い出されて、大いなるよろこびに満たされます。そのときただちに、いくつもの迷いの在りようが断ち截《き》られ、本願に生きるものとなるのです。

第18話

雲の上か下か

きょうは大事なところですが、一気に行きましょう。「摂取の心光、つねに照護したまふ。すでによく無明の闇を破すといへども、貪愛・瞋憎の雲霧、つねに真実信心の天に覆へり。たとへば日光の雲霧に覆はるれども、雲霧の下あきらかにして闇なきがごとし」というところです。

実は若い頃、この譬えがよくわかりませんでした。ちょうど親鸞さまの教えを学びだした頃に、初めて飛行機に乗ったのです。その日は曇り空でしたが、離陸して雲の合間を抜けると、まぶしいくらいの真っ青な空、一面に雲のじゅうたんが広がっているという強烈な初体験でした。

ですから、親鸞さまのこの譬え、「日光が雲と霧に覆はれていても、その下に闇はない」という譬えは、雲霧の下ではなく上なのではなかろうかと思ったのです。つまり日光（阿弥陀仏の光明）を私たちの抱える雲霧、雲と霧のような煩悩が覆っていても、光明はちゃんと私たちを上の方から照らしてくださっている。だから「雲霧之下」でなく「雲霧之上」ではないかと思ったのです。しかし、それは全くの勘違いでした。

まず、順番に見ていきましょう。「摂取の心光、つねに照護したまふ」心光とは心の光と書きますが、阿弥陀如来の光明はすべての世界、どんな人をも照らして護っておられる。この光明によって私の内なる迷いの闇が破れた、という宗教体験の目覚めが語られています。

阿弥陀仏という仏さまがどこか外におられて、救いの光を放っておられるのではありません。外から照らされた光によって、私の心のなかの煩悩が見えることはありません。心光（心の光）とは、私の迷いの暗い心のなかに射してきた光のことです。そんなことをしていていいのか、と聞こえてきたり、あるいは逆に、それでいいんだよと響いて来る彼方からの呼び声のようなものです。私の心の闇を破ってきて、私に気づきと安心を与えるもの、それを阿弥陀仏の光明、「摂取の心光」というのです。

三毒の煩悩の根底

この摂取の心光に照らされ護《まも》られているという自覚において、無明の闇が破られるのです。闇を闇と気づけば、もう闇は消えるのです。しかし、パッと明るい悟りのような世界が開かれてきたのかというと、そうではないというのが、次の「すでによく無明の闇を破すといへども、貪愛・瞋憎の雲霧、つねに真実信心の天に覆へり」という「雖《すい》」「いえども」という言葉です。

私たちのかかえる煩悩の数を１０８つと言ったりしますが、お釈迦さまは押さえると三つになるとおっしゃいました。それは貪りと怒りと愚痴でした。これを三毒の煩悩「貪《とん》・瞋《じん》・痴《ち》」といいますが、痴は愚痴の痴で、無明の闇のなかにある三毒の煩悩の根源と押さえられています。

貪りと怒りは相対的な煩悩です。貪りが満たされるとき怒りはありません。貪りが満たされないとき怒りが生じます。貪りと怒りは連動しますが、その根源には無明ということがあるのです。無明とは事実を明らかに見ることができない、受け止めることができないという自分の思いを絶対視するということです。無明こそが三毒の煩悩の根源であり、すべての煩悩が成り立つ場所であると親鸞さまはおさえられているのです。

その三毒の煩悩の根源である無明の闇は自覚できたのです。如来大悲のうながしによって、自己を絶対視している闇に如来の光が届き、根本の煩悩は破れたのです。しかし、「貪愛・瞋憎の雲霧」貪りと怒りは、生きている限り縁に触れて起こってくるのです。これが「すでによく無明の闇を破すといへども、貪愛・瞋憎の雲霧、つねに真実信心の天に覆へり」ということなのです。

「いえども」という関係

この「無明の闇を破すといへども」の「雖《すい》」という「いえども」という字、これが浄土真宗の大事な言葉です。貪りの煩悩は雲にたとえられ、怒りは霧にたとえられて私の上空を覆っているのです。私の元にある無明の闇は消えたのです。如来の真実信心（まことの心）が私に発起したということです。如来のまことの心に手が合わさることを知って、私の帰っていくところ、拠り所が決まったのです。もう迷わないのです。

ならば、再び最初の気象体験に戻りましょう。如来の働きを妨げるものはありません。その働きによって無明の闇が破られたのですから、手元は明るいのです。でも、何をするか分からない貪愛・瞋憎の雲霧が私の上空にかかっているのです。つまり、すべてが断ち切れた悟りのような快晴ではないのです。言ってみれば雲がかかっている曇天です。

曇り空であるということは、明るさがないということではありません。縁に触れて起る煩悩を抱えてはいるけれども、それに埋没しないという明るさがあるということです。

煩悩などなくならないものです。しかし、煩悩の根っ子が既に切られているということです。ハッと気づき、そうだったと、迷っても帰っていけるところがあるということです。曇り空こそが凡夫にふさわしいというより、人間として生きていく無理のない天候だと言えるように思えます。

最後に「常に」という言葉が、「摂取の心光、つねに照護したまふ」といい、また「貪愛・瞋憎の雲霧、つねに真実信心の天に覆へり」というふうに使われています。これは対になっています。

如来は常に私を護っている。けれども、私は常に煩悩にとらわれている。私は常に如来を忘れている。けれども、如来は常に私を忘れていない。忘れるものと忘れないものとの切っても切れない「常」の関係を、「いえども」という「雖」という字が結んでいます。ダイナミックな如来と私の関係です。

（２０１９・12放送）

第19話

見て敬ひ大きに慶喜すとは

次に「獲信見敬大慶喜、即横超截五悪趣」（信を獲て見て敬ひ大きに慶喜すれば、すなはち横に五悪趣を超截す）というところです。「信」は今まで何度もお話したように、如来のまことの心のことでした。私が起こすところの何かを信ずる心ではありません。

「獲信」信を獲てとは、いま如来のまことの心に触れて、その心を拠りどころとするとき、「見敬大慶喜」（見て敬ひ大きに慶喜す）る世界が開かれてくるということです。「見て敬ひ大きに慶喜す」るとは、今まで見えなかったものが見えてくる、今まで踏みつけていたものが敬われ拝まれてくる。今まで気づかなかった喜びに包まれるということです。

金子みすゞに「ふしぎ」という詩がありました。「わたしはふしぎでたまらない、黒い雲からふる雨が、銀にひかっていることが。／わたしはふしぎでたまらない、青いくわの葉たべている、かいこが白くなることが。…わたしはふしぎでたまらない、たれにきいてもわらってて、あたりまえだ、ということが」見て敬い喜ぶ、みずみずしい心が、うたわれていると思います。

私たちは大なり小なり、自分が一番偉いものだと思っていますから、すべてが当たり前で、私を支えている大きな世界に生かされているなどとは普段まったく思いません。花の美しさや木のたくましさを本当に知る人は、それを支えている根の力、自然の力を見る人です。如来の心を知ることは、私のいのちを支える育みに喜びを感じることです。

横に超截すとは

そして、如来の大いなる心に触れ、そこに喜びの心が起ってくれば、「すなはち横に五悪趣を超截す」と続きます。五悪趣とは、地獄・餓鬼・畜生・人間・天を指しますが、つづまるところ「見て敬ひ大きに慶喜す」ることがない境遇のことです。尊いものを見ることがない、敬うものがない、喜びをもつこともない、自分しか信じられない。それはとても空しい在りようではないでしょうか。そのような境遇にあるものが、そのまま趣いていく先の世界が五悪趣です。

それが「即横超截五悪趣」、苦しく辛く、淋しく空しく続く五つの境遇が、即座に（すなわち）断ち切られるということです。ここに、「横超《おうちょう》」（横に超える）という言葉が出てきます。少し専門的な話になるのですが、悟りの喜びを得る方向、仏さまに成っていく道筋、それを親鸞さまは四通りで押さえられ、自らの立場を明らかにされました。

まず、仏道には「竪《たて》」と「横」の道があります。竪は自力を言い、横は他力を言います。自分の力で歩んで行く竪の道にも（竪をシュと読みますが）一歩一歩、行を積みあげ悟りの世界に向かって出て行くという「出」（シュツ）という歩みと、一気に悟りの世界へ飛び越えていくという「超」

（チョウ）という方法があります。

まず、自力によって一歩一歩、竪に出て行く歩み①「竪出《しゅしゅつ》」は天台の道、また厳しい修行と真言（ダラニ）の呪力によって一気に竪に超えて即身成仏を目指す②「竪超《しゅちょう》」は真言の道です。これが仏道の基本なのですが、二つの竪の自力の道は誰にでもできることではありません。

そこで、他力（如来のパワー・力）によって仏さまになっていく道が親鸞聖人によって示されたのです。それが横（よこ・オウ）の道です。「横」という字は横着とか横死とか、横車というように、道理に反するという意味をもっています。つまり、人間の常識を超えた、思い計ることのできない仏の不可思議な力に乗っかって仏道を歩んで行くというのです。

この他力の「横」の道にも、如来の力をいただきながらも自らも励んで念仏していこうと、一歩一歩悟りの世界に進み出て行く歩み③「横出《おうしゅつ》」と、すべてを如来の力に任せ一気に超えて行く④「横超《おうちょう》」の道があります。すべてを任せ切るとは、自分の力を当てにしないということです。

竪出・竪超・横出という自分を当てにする方向がひるがえされて、自分がゼロになったところに開かれてくる如来の力によって、横ざまに五悪趣の境遇を超截《ちょうぜつ》し、悟りの世界に触れるのです。これが親鸞聖人の四番目の「横超」、念仏の力に乗っかって横ざまに迷いを超えるという浄土真宗です。

本願の力を発見する

人間は誰しも自分を当てにして、自分の力こそ最後の拠り所だと思っています。生きるということはそういうことなのでしょう。しかし、本当に生き抜いた人、大きな事業をなした人、ノーベル賞などを受賞した人や、オリンピックでメダルを取った人などは、自分の力を後回しにして、自分を支えているような目に見えない背後の力に言及します。

他力とは、私を支えている尊い力が見えているということです。見えてくることによって、いよいよそれに応えようという自力（地力）が発揮できるということなのです。自分の才能や善行をもって仏さまに近づこうと「竪」に歩める人は、それでいいのです。そうできない、何の力もない者には、「横」の本願の力を発見することが求められています。

そして、「一切善悪の凡夫人、如来の弘誓願を聞信すれば、仏、広大勝解のひととのたまへり。この人を分陀利華と名づく」と続きます。仏に成る能力も才能もない私に掛けられた如来の誓願を聞き開き、うなずき信ずることができれば、お釈迦さまから「広大勝解のひと」と讃えられます。

愚かな私と切っても切れない本願との絆を深く理解した人という意味です。そして、その人を「分陀利華と名づ」けるといわれます。分陀利華とはインドの言葉、プンダリカ（白蓮華・蓮の華）のことです。自力の根性を断ち切って、「横超」の念仏をよろこぶ人を蓮の華に譬えられたのです。

その話は次回に続けます。

（2020・1放送）

一切善悪凡夫人　聞信如来弘誓願
仏言広大勝解者　是人名分陀利華

一切善悪の凡夫人、如来の弘誓願《ぐぜいがん》を聞信《もんしん》すれば、仏、広大勝解《しょうげ》のひととのたまへり。この人を分陀利華《ふんだりけ》と名づく。

善し悪しに縛られているどんな愚かなものでも、かならず救うという阿弥陀如来の誓願の心を、わがこととして聞き信ずることができれば、お釈迦さまはその人を、よく理解できた智慧ある人だと讃えられました。

そして、この人を泥の中にありながら、濁りに染まらない清らかな花を咲かせる分陀利華（白蓮華《びゃくれんげ》）のようだと名づけられました。

弥陀仏本願念仏　邪見憍慢悪衆生
信楽受持甚以難　難中之難無過斯

弥陀仏の本願念仏は、邪見・憍慢《きょうまん》の悪衆生、
信楽《しんぎょう》受持すること、はなはだもつて難し。難のなかの難これに過ぎたるはなし。

阿弥陀仏の成就された本願念仏は、自分の考えに閉ざされて、おごり高ぶる者にとっては、それを信じ目覚めて生きるということはとても困難なことです。しかし、いま私はかたじけなくも如来のまことの心をいただくことができました。

難しい中にも、これほど難しいことはなかったかもしれません。

第20話

プンダリカ（白蓮華）

「是人名分陀利華」というところです。私に掛けられている如来の誓願を聞き開き、うなずき信ずることができれば、お釈迦さまから「広大勝解のひと」（仏法を深く理解した人）と讃えられ、「この人を分陀利華と名づく」のだといわれます。

「分陀利華」はインドのことば「プンダリカ」をそのまま音写、ゴロ合わせをしたのです。意味は「白蓮華・白い蓮の華」のことです。ご門徒の方ならお分かりでしょうが、この「是人名分陀利華」を、おつとめをするときに特別な唱え方をします。「名づく」の「名」という字を「是人名～」と長く伸ばすのです。何故なのかと前々から疑問に思っていましたので、本願寺の専門部署・勤式《ごんしき》指導所に直接聞いてみました。

その結果、古いかつての唱え方（旧譜）でもそうなっているが、その理由を書いた文献は見当らない。恐らく「名」という字を伸ばすことによって、「分陀利華」という言葉を明確にして強調するためであろう。そして、「名」という字の1拍分を伸ばすことによって、次の「弥陀仏本願念仏」にすぐに続けるという変則的な唱え方になったと思われるという解答でした。

ということは、「分陀利華」という言葉がとても大切に扱われているということでした。花言葉ということがありますが、ハスの花言葉は「清らかな心」「神聖」を意味しているといいます。仏教でも同じです。蓮の葉には突起があって水をはじきます。人間の欲望煩悩をはじき、それに染まらない「さとり」を暗示しています。

そして、「高原の陸地《ろくじ》には蓮華を生ぜず。卑湿《ひしつ》の淤泥《おでい》にいまし蓮華を生ず」（「教行信証」）と、高原の清らかな陸地にハスはできない、汚れた湿地の泥沼から、汚れに染まらない清らかな花が咲く。「これは凡夫、煩悩の泥のなかにありて、…よく仏の正覚の華を生ずるに喩ふ」とあります。

蓮の華でも、白蓮華、白いハスが特別に高貴であると仏典に説かれますが、かつてインドの仏教遺跡を案内してくれたヒンドゥー教徒の現地ガイドも、白い蓮華の色には特別な感情をもっていました。泥の中からの清楚な感じは、やはり白色ということになるのでしょう。

なぜ極楽に蓮の花が

如来の誓願を聞き開き、うなずき信ずることができれば、煩悩を抱えているそのただなかに、仏さまのような心が起ってくるのです。その人を、お釈迦さまから「広大勝解のひと」といわれ、また人々から「妙好人」と慕われました。

よく浄土宗と浄土真宗はどこが違うのですかと聞かれますが、法然上人の浄土宗の流れから特別に妙好人と言われる人の輩出はありません。それは如来の行に応え励む、前回19話でお話した半自力的③「横出《おうしゅつ》」の立場に意義を見たからでしょう。念仏を唱える行を積み重ねなくても、智慧才覚がなくとも、己の煩悩具足の身に気づかされれば、そこに如来による④「横超《おうちょう》」の花が開くのです。

でも、なぜ無量光明土《むりょうこうみょうど》の極楽に蓮の花が咲いているのでしょうか。蓮は強い生命力をもった花です。生長が速く、次々花を咲かせ実を結び、インドで蓮は生産豊饒のシンボルでした。また昭和26年、泥炭層から発見された推定2千年前の蓮の実が開花しました。有名な大賀蓮です。蓮には「いのち」の力がイメージされました。

そして、蓮華化生《けしょう》といって極楽に生まれるとき、人は蓮の花から生まれるのです。実は、蓮の葉は妊婦（ヒト）の胎盤と外見が非常によく似ているのです。蓮の葉をうつぶせにしたとき、胎盤のように見えるのです。胎盤は子宮壁に付き、へその緒を通じ母胎から胎児に栄養を送る直径20センチほどのものですが、表面には広く血管が分岐しています。胎児が生まれてからしばらくして母体から出てきますが、血管の分布は蓮の葉脈を、へその緒の管《くだ》は蓮の茎を連想させるのです。

新しい「いのち」を生み出す胎盤が、蓮にイメージされたのです。「いのち」とはいつも、生まれようとするものです。胎児は胎内にいる自分に死ぬことによって生まれてきたように、私の「いのち」もヒトとして死ぬことによって仏さまの世界に生まれてゆくのです。仏さまの眼からみれば、人間とはみな生まれてゆくべきものなのでしょう。

赤ちゃんも、娑婆の命まさに終えん人も、さらには日々の生活に追われる私もあなたも、日々新たなるものとして生まれてゆくべきものなのです。死するいのちではない、浄土に生まれて往くいのちであり（往生）、新しく生まれていくいのちの先が「無量光明土」であり、そのかたちを「分陀利華」の蓮の力が表現しているということです。

現代の妙好人のことば

妙好人は過去の人のことではありません。分陀利華のように生きた今の時代の「妙好人」の言葉を二人だけですが紹介してみましょう。

平成10年、94歳で亡くなった小間物屋をしていた大阪の榎本栄一さんに「ぞうきん」という詩があります。「ぞうきんは他のよごれを　いっしょうけんめい拭いて　自分はよごれにまみれている」（繰り返し）こんなところに私たちは目が行きません。まさに「複眼」の智慧の眼に立って歌われています。

そして、昭和63年47歳の生涯を閉じた大谷派の坊守・鈴木章子《あやこ》さん。「癌は私の見直し人生のヨーイ・ドンの gun でした　私　今　スタートします」。ピストルのようなガン告知が、本当の人生の始まりだったというのです。どちらも泥の中に咲く「分陀利華」の言葉でしょう。

（2020・2放送）

第21話

お釈迦さんもナカナカの人や

「正信偈」前半、「無量寿経」を基にした「依経段《えきょうだん》」といわれるところのまとめです。「弥陀仏の本願念仏は、邪見・驕慢の悪衆生、信楽受持すること、はなはだもつて難し。難のなかの難、これに過ぎたるはなし」というところです。

「邪見・驕慢の悪衆生」とは、よこしまな考えをもって真実に背き悪事をなすもの。おごり高ぶり、人を貶め侮るもののことです。そのようなものは、阿弥陀仏の本願念仏を信じいただくことは、はなはだもって難しいことだ。これに過ぎるたる難しさはないと結ばれます。

おごり高ぶり邪まな心によって、差別や怒りや悩みや苦しみが生じます。そんな私たちにこそ、いのちのよろこびを与えたいと、呼び声となってナモアミダブツの念仏を送り届けているのが阿弥陀仏の本願なのですが、忙しくあわただしい生活の中では、とても信じることができないのが普通かもしれません。信じるということは、疑わないということです。疑いの心は、み教えよりも自分の考えの方が正しいと思うところから起こってきます。

あるとき、門徒さんのご法事でこんなことがありました。おつとめの後、法話をします。それを聞いていた親戚の方が、終わってからニコニコとして「いい話を聞きました。お釈迦さんもナカナカの人やと思った」と言われました。これが邪見・驕慢の本質なのです。お釈迦さまより自分の方が上なのです。これでは如来の大慈大悲に出会うことはできません。自分より小さいものに、救われることはありません。

だったら、私たちは大なり小なり、自分を中心にし、自分こそが正しい最後の拠り所だと思っていますから、本願念仏に出会うことは不可能ということになるのでしょうか。そういう意味ではありません。

人間とは無意識のうちに、自己におごり、高ぶるのです。そんな私には本願の念仏は届きません。その届かないはずのものに、かたじけなくも奇跡のように届いた如来大悲の呼び声があるのです。絶対に出会い得ないはずのものに出会ったという感動のよろこびの表現が、「難中之難無過斯」（難のなかの難これに過ぎたるはなし）という表現なのです。

「あう」という字

私は漢字というものは奥深いといつも思うのですが、漢和辞典を開くと「あう」という字が沢山あることに驚きます。ラジオで説明することに限界があるのですが、「あう」の基本は合致するの「合」（ごう）という字。これは、あるものとあるもの、ビンの栓《せん》、箱の蓋などがぴったり合うという字です。人と人が「あう」ときは会合とか再会の「会」（かい）という字になります。

そして、逢引の「逢う」という字は、時と所を示し合わせて夕暮れに会うこと。また、遭遇の「遭」も「遇」もいずれも「あう」という字ですが、「遭」という字は遭難など、まさかという好ましくないことにあうことであり、遭遇の「遇」は千載一遇の、決してあうはずがないことに、ばったり偶然にめぐりあった好機のことを意味します。そしてもう一つ「あう」という字があります。値段の値という字を書いて「値」（あう）と読みます。

この値段の値の「値う」という字を親鸞さまは「もうあう」と読まれました。これは尊いものとの出会いをいいます。自分中心で煩悩むきだしの私のようなものが、広大で純粋な如来大悲に気づかせていただいた。邪見・驕慢な、全く本願の念仏などに遇うはずのないものがばったり、いま遇うことができたという驚き、感動、有り難さです。それを仏教では「値遇《ちぐう》」といいます。深い感動的な出会いは、運命的なよろこびを感じる出会いであり、「遠く宿縁を慶べ」と表現されました。

すべてが理知的に対象化され判断される今の時代にあって、本願念仏の力（パワー）を感じることは、まさに「難中の難」と言わねばなりません。本願を理知的に対象化することはできませんから、人は皆、本願を疑うのです。しかし、本願を疑っている、邪見・驕慢を捨て去ることができない私が、許され生かされていたという深い〝うなずき〟が、本願のはたらきの中に包まれていたという自覚なのです。

邪見・驕慢を反省して本願に出会うのではありません。邪見・驕慢な私を改めることなど、できるわけがありません。本願に背を向けている邪見・驕慢な私であったという深いうなずきが、本願との出会いだったのです。

信心と信楽

ここで「信楽受持《しんぎょう》する」という専門用語が出てきます。私は「しんぎょう」という「信」と「楽」という字を初め、和語で「しがらき」と読むのかと思い、笑われたことがありました。仏教用語は難しいのですが、音と訓、また漢音と呉音の違いを知れば、慣れれば読めるようになってきます。例えば、文章の「文」（ぶん）という字と文部省の「文」（もん）という字、（ぶん）は漢音、（もん）は呉音です。仏教は主に呉音で読みます。

その「信楽」ですが、如来のまことの心である「信心（を）受持する」ということですが、「信楽」は「信じ楽（ねが）うこと」と、「楽」という字を「ねがう」と読んでいます。それは、如来のまことの心を、ぼた餅のように何もせずにいただくという受け身的な信心ではなく、「信楽」というときには如来大悲の尊さを信じ、如来大悲と一体になって働くことを願うという、未来に係る積極的な意味合いをくみ取るべきかもしれません。

本願の念仏に出会った、前向きなよろこびをもって、「正信偈」の前半「依経段《えきょうだん》」が結ばれます。次回から「依釈段《えしゃくだん》」といわれるところに入ります。

（2020・3放送）

印度西天之論家　中夏日域之高僧
顕大聖興世正意　明如来本誓応機

印度西天《さいてん》の論家、中夏・日域《じちいき》の高僧、大聖《だいしょう》興世の正意を顕し、如来の本誓《ほんぜい》、機《き》に応ぜることを明かす。

思えば、お釈迦さまがお説きになった本願念仏の教えは、遠く西の空なるインドの龍樹《りゅうじゅ》・天親《てんじん》という智慧深き菩薩や、中国の曇鸞《どんらん》・道綽《どうしゃく》・善導《ぜんどう》という高僧方によって受け継がれ深められ、そして日本の源信《げんしん》・源空《げんくう》（法然上人）のもとに伝えられました。

これらの方々は、お釈迦さまがこの世に生まれられた意義を明らかにし、阿弥陀如来の誓いが人々のどんな現実の問題にもかなうものであることを示してくださいました。

釈迦如来楞伽山　為衆告命南天竺
龍樹大士出於世　悉能摧破有無見
宣説大乗無上法　證歓喜地生安楽

釈迦如来、楞伽山《りょうがせん》にして、衆のために告命《ごうみょう》したまはく、
南天竺《なんてんじく》に龍樹大士世に出でて、ことごとくよく有無の見を摧破《ざいは》せん。
大乗無上の法を宣説《せんぜつ》し、歓喜地《かんぎじ》を証して安楽に生ぜんと。

これからその7人の高僧方のことを述べていきます。まず、お釈迦さまが楞伽山という山におられて説法されたときに、聴衆に予告をされました。私が亡き後、南インドに龍樹という偉大な菩薩が現れて、有見・無見という偏った考えを、ことごとく打ち砕くであろう。そして、この上ない大悲の教えを説き、さとりの喜びの境地に達して、人々とともに阿弥陀仏の浄土に生まれ往くであろう、と仰せになりました。

顕示難行陸路苦　信楽易行水道楽
憶念弥陀仏本願　自然即時入必定
唯能常称如来号　応報大悲弘誓恩

難行の陸路《ろくろ》、苦しきことを顕示して、
易行《いぎょう》の水道、楽しきことを信楽《しんぎょう》せしむ。
弥陀仏の本願を憶念《おくねん》すれば、自然に即《そく》のとき必定《ひつじょう》に入る。
ただよくつねに如来の号《みな》を称して、大悲弘誓《ぐぜい》の恩を報ずべしといへり。

龍樹菩薩はさとりの世界への道は二つあり、陸路を一人自力で歩いて行く苦しい難行ではなく、皆と一緒に船に乗り、信心の帆を挙げて本願の力に任せて進んで行く易行の道をすすめられました。

そして、この阿弥陀仏が成就された本願のお心を忘れず憶《おも》い念ずるならば、自然《じねん》のはたらきによって、即座に、必ずさとりを開く身に定まって（正定聚《しょうじょうじゅ》）、迷いの境地に退かない者になるといわれました。

これは今を生きるものの大いなる喜びです。それゆえに常に如来の名を称えることを以て、大いなる悲願の恩恵に応えねばならないと教えてくださいました。

第22話　龍樹①

りゅう・てん・どん・どう…

「正信偈」の後半「依釈段《えしゃくだん》」に入ります。これからは、お釈迦さまが説かれた念仏の教えを、親鸞聖人にまで伝えてくださったインド・中国・日本の7人の高僧方の教えが説かれます。「印度西天之論家、中夏日域之高僧」のところです。

仏教の書物は経・論・釈といって、三つに分けられます。お釈迦さまが説かれたものを、お「経」といい、インドの菩薩方の書物を「論」といい、他の高僧方の著述を「釈」といいます。親鸞聖人にとって、お釈迦さま亡き後、まずインドに二人の菩薩がお出ましになり、念仏の教えを伝えられました。インド読みで、ナーガルジュナ（龍樹菩薩）とバスバンドゥー（天親菩薩）です。

その教えを受けて、中国で曇鸞・道綽・善導という3人の高僧が出られ、日本では源信・源空（法然上人です）のお二人によって、念仏の基礎が確立されました。七高僧の名前は、私はリズミカルに「りゅう・てん・どん・どう・ぜん・げん・げん」と覚えました。

その7人の高僧が、「顕大聖興世正意、明如来本誓応機」、（大聖、興世の正意を顕し、如来の本誓、機に応ぜることを明かす）と続きます。大聖とは、お釈迦さまのこと、お釈迦さまがインドにお出ましになられた真の意味合いを明らかにし、如来の本誓（本願の念仏）が、何の修行もできない私たちの為にあることを明らかにされたと、まず述べられます。

ここで「機に応ぜる」の、機械の「機」という字があります。「機」とは仏教独特の用語で、人間と仏さまとの関係を意味する言葉です。時機とか機縁とかというように、今ここで、私が仏さま（大悲）と出会った関係のことをいいます。さとりの「仏」（法）に対する迷いの「人間」（私）との関係を押さえた言葉ですから、「機」とは「私」のことと押さえればいいのです。仏に成るための何の修行もできない私（機）のために、念仏の教え（法）が説かれてきたというのが、七高僧を貫く教えです。

大乗の歴史観

さて、その七高僧の第一は龍樹菩薩です。「釈迦如来、楞伽山にして、衆のために告命したまはく、南天竺に龍樹大士世に出でて、ことごとくよく有無の見を摧破せん」というところです。お釈迦さまが楞伽山という山において、人々に告げられたのです。今から700年の後に、南天竺（南インド）に龍樹という菩薩が世に出でて、私が説いた縁起の理法（空の思想）を受けつぎ、体系化するであろうと予言されたのです。

いくらなんでも、700年も後の後継者をお釈迦さまでも予言することはできないでしょう。整理すればこうなるでしょう。龍樹菩薩の活躍が予言された経典が「楞伽経《りょうがきょう》」というお経です。「楞伽経」はお釈迦さまが大慧《だいえ》菩薩という人に向かって説かれたお経ですが、実際は700年後の偉大な龍樹菩薩の出現とともに成立した経典ということになるでしょう。

そもそも、お経はお釈迦さまが説かれたものとしていますが、お釈迦さまが直接文字に書かれたのではありません。お釈迦さまの教えはもっぱら暗唱や記憶を頼りとして受け継がれたため、お釈迦さまが亡くなられてすぐに、お弟子方が集まって教えを確認し合いながら文字にまとめていったのです。この経典編纂作業を「結集《けつじゅう》」といいますが、それから100年後にも700人が集まって2回目の結集が行なわれ、またその100年後の第3回の結集には1000人が集まったとされています。

お釈迦さまの教えが語り継がれていくうちに、様々な考えによる部派仏教が生まれ、また教えの深い意味が論理化され体系化され大乗仏教に発展していくのです。もともと原始仏典は、お釈迦さまの人格がモデルであり、お釈迦さまのように聖なる道をめざし、自己を高めていく「自利」が中心でした。

しかし、お釈迦さまの教えの根本は自己より他を利する「利他」にある。また、仏の本質はお釈迦さま個人のところにあるのではなく、お釈迦さまをして仏たらしめた法にある。永遠なる仏(法)の世界からお釈迦さまはこの世に興出、生まれて来られたのだと考えられていくのです。

つまり、お釈迦さまが弥陀の本願を説かれたというより、永遠なる本願の世界からお釈迦さまがお出ましになった。そして龍樹菩薩もまた本願の世界から南天竺に現れてくださったというのが、個人を中心にした歴史観と違った、本願を中心にした大乗の歴史観ということができるのです。親鸞聖人の歴史観も、「楞伽経」の予言も、この流れの中で捕えれば全く不自然なことではありません。

龍樹の伝説

龍樹には面白い伝説があります。この人は生まれつき頭がよく、その学識をもって有名となります。ある日、学問の名声は得たのだから、これからは快楽を尽くそうと決め、3人の友人とともに隠身の術というか、姿を隠す術を身に着けて王宮に忍び込み、美女と戯れるのです。その結果、妊娠する者さえ出てきます。

誰かが忍び込んでいると思った王は、砂を撒《ま》き、その足跡を頼りに彼らを切り殺してしまいます。しかし、王の影に身を潜めた龍樹だけは免れて、愛欲が苦悩と不幸の原因であることを悟り、出家したといわれています。これは「阿弥陀経」を訳した鳩摩羅什《くまらじゅう》の「龍樹菩薩伝」などに記されていることから、まんざらウソではないかもしれません。

才知あふれるものが、また快楽に溺れる者が、念仏の教えに依らなければ救われなかったということは、本願のはたらきの深さを物語っているということでしょう。

（2020・4放送）

第23話　龍樹②

有見・無見、空の思想

次は、「南天竺に龍樹大士世に出でて、ことごとくよく有無の見を摧破せん」というところです。「有無の見」とは、有見と無見ですが、有見は変わらないものに固執する見解、考えをいいます。

確固たる私というものがあり、自らの力で自分の在り方を決定できるという考えです。そんなことは不可能なのですが、才気あふれるときはそうは思わずに、私を中心に立てて老・病・死に対しても、変わらない若さや健康というものがあると思い、それを追い求め、それに執着します。

逆に、無見は虚無にゆだねる見解です。老・病・死は仕方のないもので、人が死ねばゴミになるだけで、すべてはどうせ無に帰するだけだから、今を面白く生きればいいと刹那的に考えるのが無見です。私たちは、かみ合わない有見・無見の両極端の偏見の間をさまよっています。

お釈迦さまの説かれた縁起の法（諸法無我《しょほうむが》）とは、一切のものごとは、互いに他のものと関係しつつ成り立っているから、それ自体で完結し、単独で存在しているものはないということです。例えば、一人の少女がいます。男の子から見れば女の子です。赤ちゃんから見ればお姉ちゃん、親からは子、先生からは生徒、コンビニに行けばお客さんになります。

つまり、ものごと、存在は常に変化する関係性の中にあるということです。変化する老病死の流れを固定化し、老人・病人・死者なるものを差別し忌避してはいけない。人の行為の善悪を決めつけて、いたずらに人を裁いてはいけない。美醜なども比較による相対的な捕らわれに過ぎないということです。

存在は変化する関係性の中にあるということは、「縁」によって私もその中にあるということです。「縁」は私をプラスにもマイナスにもする条件ですから、縁を大切にすることは、自分を大切にするということになるでしょう。自分の思いを通したい「有」への執着、逆に虚「無」的な思いへの沈み、その「有無」の両極端の捕らわれを摧破《ざいは》否定し、真実の安らかな境地に導かんとしたのが空の思想の基本でした。

難行・易行、二つの道

お釈迦さまは予言をさらに続けられました。「宣説大乗無上法、証歓喜地生安楽」（大乗無上の法を宣説し、歓喜地を証して安楽に生ぜんと）。龍樹菩薩は、自分だけが救われていくのではなく、どんな人でも仏になれる大きな乗り物、〝大乗〟の立場に立って教えを説き宣べて、やがて歓喜地という境地に達して、安楽浄土に生まれるであろうと予言されたのです。

修行によって煩悩を断ち切った人を阿羅漢《あらかん》、羅漢さんといいます。悩みや苦しみから解放された境地ですが、羅漢さんには慈悲の心がないのです。自分の悟りの境地に安住して、人々の苦しみに関わらないのです（小乗）。菩薩は自らの悟りを後回しにして、人々の苦悩に積極的に関わろうとします。これが関係性を重視する大乗の縁起の思想でもあります。

ところで、菩薩が仏に成るまでには、52の階位を経なければならないと通仏教でいわれますが、ここでいう「歓喜地」の境地は、下から数えて41番目の段階になります。この境地に到達すると、何が真実であるかということが体得され、仏に成るという確信が得られ、たとえようのない喜びがわき起こってくるので、「歓喜地」ともいわれます。

この歓喜地に至る道が二つあるとされました。これが重要なところです。「難行の陸路、苦しきことを顕示して、易行の水道、楽しきことを信楽せしむ」と続きます。ここに難行と易行、即ち自らの力で陸路の険しい道を歩んで、仏の悟りの境地を目指していく方向と、川に浮かぶ船に我が身を預け、船に運ばれて悟りの境地にたどり着くという方法が示されました。

難行はディフィカルトで易行がイージーということではなく、方向が違うということです。難行の自力の険しき路を極めることによって、逆に易行（如来から私への他力の力）のあることを発見したのです。龍樹菩薩が仏道に難行・易行の二つの道を示し、そして易行へのアプローチを説いたことは、その後の仏教のかたちに決定的な影響を与えることになりました。

そして、「弥陀仏の本願を憶念すれば、自然に即の時必定に入る」と続きます。親鸞聖人にとって、この「自然即時入必定」（自然に即の時必定に入る）という龍樹の言葉も、とても重要なことでした。「必定」とは、必ず仏になると定まること。「即の時」とは、そっくりそのまま、その時ただちにということです。阿弥陀仏の本願を憶念すれば、煩悩を抱えているその只中において、仏になる身と定まるのです。仏さまに成ったのではありません。やがて、如来大悲と一体になって働くものになるという確信、菩薩の「歓喜地」の境地に召されるというのです。

「即の時必定に入る」、仏さまになる身であるという確信を「即の時」に獲るということは、さとりの喜びは死後にあるのではなく、念仏申す〝今〟にあるということです。これを「現生正定聚《げんしょうしょうじょうじゅ》」といいます。これを明快に主張したのは、七高僧の中でも龍樹菩薩だったのです。親鸞さまの積極的な立ち位置は、ここにおいて決定したのです。

それは大いなる確信でした。そして「つねに如来の号を称して、大悲弘誓の恩を報ずべし」と結ばれます。私たちが本願を憶念し念仏申すことができるのは、本願が私たちを憶念していたからです。私を護《まも》り信じ念じている如来大悲に出会い、「正定聚」「歓喜地」のよろこびが私に開かれてきたのです。その大いなる悲願の恩恵に応えねばならないと結ばれました。

（2020・5放送）

天親菩薩造論説　帰命無碍光如来
依修多羅顕真実　光闡横超大誓願
広由本願力廻向　為度群生彰一心

天親菩薩『論《ろん》』を造りて説かく、無碍光如来に帰命したてまつる。
修多羅《しゅたら》によりて真実を顕して、横超《おうちょう》の大誓願を光闡《こうせん》す。
広く本願力の回向《えこう》によりて、群生を度せんがために一心《いっしん》を彰《あらわ》す。

次に出られた天親菩薩は「浄土論」を著わされて、私は一心に碍《さまた》げなき光の如来に帰命します、と表明されました。そして、お釈迦さまの説かれた真実とは、私たちの迷いを一気に横ざまに超えさせる、如来の大いなる誓願の力にあることを明白に示されました。
私に向けて働いているこの本願の力を、二心《ふたごころ》なくいただく一心（まことの信心）に立つ仏道をあきらかにされたのでした。

帰入功徳大宝海　必獲入大会衆数
得至蓮華蔵世界　即證真如法性身
遊煩悩林現神通　入生死薗示応化

功徳《くどく》大宝海に帰入すれば、かならず大会衆《だいえしゅ》の数に入ることを獲《う》。
蓮華蔵世界《れんげぞうせかい》に至ることを得れば、すなはち真如法性《しんにょほっしょう》の身《しん》を証せしむと。
煩悩の林に遊んで神通を現じ、生死《しょうじ》の園に入りて応化《おうげ》を示すといへり。

さらにまた、大きな宝の海のような本願の世界に帰入すれば、そのときに、あたかも浄土に集まっている聖者の数の中に、私も仲間入りさせてもらうということになるとされました。やがて、煩悩の汚れに染まらない蓮華のような世界である仏の国に生まれることになれば、ただちに仏の利他の力を身に受けて、今度は煩悩にまみれた迷いの世界に自在にかたちを現して、まるで林や園に遊ぶかのように人々を呼び覚まし導き続ける身となるのです、と説かれたのでした。

第24話　天親①

「利他」の境地へ

七高僧の2番目、天親菩薩に入ります。「天親菩薩造論説、帰命無碍光如来」（天親菩薩、「論」（浄土論）を造りて説かく、無碍光如来に帰命したてまつる）というところです。もとのインドの名前、バスバンドゥーを漢訳し、天親、また後には世親《せしん》と訳されました。天親と世親は同一人物です。

奈良興福寺にある運慶作といわれる国宝の無着・世親像は、内に悟りの智慧を感じさせる写実的な傑作ですが、無着は天親（世親）の兄になります。二人はお釈迦さまが亡くなられてから、約900年後に北インドのプルシャプラ、現在のパキスタン・ペシャーワル、いわゆるガンダーラ地方に生まれました。

余談ですが、日本では一般にペシャワールと発音しますが、現地ではペシャーワルと言います。私はアフガニスタンとの国境、カイバル峠まで行ったことがありますが、首都カブールも現地では誰しもカーブルと発音します。なぜそうなったのか、アルファベットの英文表記やアメリカのマスコミの発音に従うことになったのかと、想像しています。

さて、天親は初め部派仏教、いわゆる小乗仏教の論客として活躍しますが、兄・無著の勧めによって大乗仏教に転向しました。小乗仏教は何か劣った仏教のように言われますが、お釈迦さまをモデルにし厳格な戒律を重視し悟りを求め修行することを特徴とし、阿羅漢の境地、羅漢さんたちの仏教をいいます。

煩悩を断ち切り解脱を求めることは、それはそれで間違っていないのですが、自己の悟りを得ることが究極の目的なのです。しかし、本当の悟りとは自己の安住の境地を捨てて、苦悩するものに積極的に関わり助けるところにあります。悟りの境地は終着点ではありません。自らを後にして、よろこんで悩めるもの（他）を救う「利他」の境地、大乗の菩薩の心こそが悟りの根本と考えられるようになります。これが天親の出発点ともなります。

本願に呼び覚まされて

天親菩薩には著作が多く、千部の論主といわれますが、親鸞聖人は「天親菩薩造論説」の「論」即ち「浄土論」に注目されました。「浄土論」の正式名称は「無量寿経優婆提舎願生偈《うばだいしゃがんしょうげ》」といいますが、浄土往生への核心が説かれる「無量寿経」の注釈書でした。

その初めに「世尊我一心　帰命尽十方　無碍光如来　願生安楽国」「世尊（お釈迦さまよ）、われ（天親は）一心に（ふたごころなく疑うことなく）尽十方無碍光如来に帰命したてまつりて、安楽国に生ぜんと願ず」と宣言されました。「一心」は本願に呼び覚まされた「信心」です。

如来のまことの心（信心）をいただき、浄土に向かって生き抜いていくとの宣言でした。これが浄土教の幕開けになる言葉でした。

「尽十方無碍光如来に帰命する」と天親菩薩は自らの信を述べられましたが、浄土真宗の門徒さんでしたら、ここでお内仏の脇掛様《わきがけさま》を見てください。お西は向かって右に親鸞聖人、左に蓮如上人が多いのですが、お東さんは向かって右にこの天親菩薩の「帰命尽十方無碍光如来」の十字の名号を掛け、左には「南無不可思議光如来」の九字を掛けるのが一般的です。

中央のご本尊は阿弥陀如来が私たちを呼んでくださっているお姿です。そのナモアミダブツの呼び声に応答して、天親菩薩は「尽十方無碍光如来に帰命する」と応え、次の七高僧の3番目の曇鸞大師は「不可思議光如来に南無する」と応えられたのでした。

つまり、煩悩に左右され浮足立っている私に向かって、どこを向いているのか我に帰命せよ、南無せよという中央の阿弥陀如来の私たちへの働きかけ（行）に対して、天親菩薩は「帰命尽十方無碍光如来」と応え（信）、曇鸞大師は「南無不可思議光如来」と応えられたのです。

「光如来」という表現

天親・曇鸞ともに、阿弥陀如来の呼びかけであるナモアミダブツをそれぞれ「尽十方無碍光如来」と、または「不可思議光如来」と、共に「光」の体験として受け止められています。

さらに親鸞聖人は「〈光如来〉と申すは阿弥陀仏なり、…この如来は智慧のかたちなり」（『尊号《そんごう》真像銘文《しんぞうめいもん》」）といただかれたように、尽十方無碍なる光如来（光の如来）、また不可思議なる光如来（光の如来）として阿弥陀仏を押さえられました。

阿弥陀仏とはどこかにおられて光を放っておられるのではありません。光といえば太陽や蛍光灯の光をイメージし、照らし出す光の本体がどこかにあるように思いますが、光そのものは色もなく形もないものです。宇宙船から青々とした地球が見えますが、その間に妨げるものがないからです。妨げるものがない成層圏は真っ暗です。

光はそれを妨げるものをとらえて、それをあらわにする働きです。「光如来（光の如来）」という表現は人間の姿、私の煩悩をとらえて光る仏さまということです。

照らし出された己の姿に気づかされるところに智慧が恵まれてきます。今まで見えなかったもの、気づかなかったことが見えてくる。今まで踏みつけていたものが拝まれてくるといった体験になります。

そして、この光明は十方世界に満ち満ちて、人間の煩悩悪業を照らし出す「尽十方無碍光」であり、また人々に智慧の眼を開く「不可思議光」であると、押さえられたのでした。

（2020・6放送）

第25話　天親②

修多羅（シュートラ）縦糸

天親菩薩の2回目。「修多羅《しゅたら》によりて真実を顕して、横超《おうちょう》の大誓願を光闡《こうせん》す」というところからです。修多羅とはインドの言葉、シュートラの音訳、お経のことを指します。

インドなどでは貝葉《ばいよう》といって、椰子などの葉を乾燥させ紙の代わりにして、鉄筆のようなものでお経の文字を刻み、墨でこすり文字を浮かび上がらせ、それが散逸しないように葉の隅に穴をあけ、紐《ひも》を通して保存していました。この紐を修多羅と呼んでいたとされます。

お経を束ねる経糸《たていと》となるものが、修多羅でした。浄土真宗のゴボハンがお葬式や寺の報恩講などで身に着ける七條袈裟といわれる礼装の、左肩から垂れ下がる装飾用の組紐《くみひも》を修多羅といいます。お経を背負っているという形です。

そのお経、天親菩薩にとっては「無量寿経」でした。「無量寿経」によって、「横超の大誓願」横ざまに迷いの世界を一気に超えて行く阿弥陀如来の大いなる力を「光闡」、光り輝かせて明らかにされたのでした。（19話参）

「五念門《ごねんもん》」は普遍的なメソッド

そして、「広く本願力の回向《えこう》によりて、群生を度せんがために一心を彰す」。これが、とても大事なところです。まず、「回向」という言葉です。一般の辞書を開くと、まず必ず「仏事を営んで死者の成仏を祈ること」と出てきます。英文でも repose of a person's soul（人の魂の休息）を祈る memorial service（死者への供養）の意味と書かれています。

しかし、死者の冥福を祈って行なう追善供養ということが、回向の本来の意味ではありません。回向とは、もともと自らの修行によって得た功徳を、自らの悟りのためだけではなく、他者を利益するために振り向けることをいいました。仏になるには、自らを利する「自利」の行だけではなく、むしろ他者を利する「利他」の菩薩の行でなければならないというのが、回向の根本です。そのことを天親菩薩は「五念門」という浄土往生を目指す五つの修行の門（過程）で示されました。

少し専門的になりますが、往生浄土のためにくぐり抜ける五つの門とは、礼拝《らいはい》・讃歎・作願《さがん》・観《かん》察《ざつ》・回向といいます。阿弥陀仏を（礼拝）し、阿弥陀仏の名をほめたたえ（讃歎）、浄土に生まれたいと願い（作願）、浄土やその仏・菩薩の姿を（観察）し、その行から得た自らの功徳を他のものに施し（回向）、ともに仏の世界に生まれて往こうと願う五つをいいます。

自ら得たこれらの功徳を他のものに施そうという回向の精神が、大乗仏教の基本なのですが、人間が行なう行には限界があります。優れた徳のある行者によって、その徳を他者に振り向け、相手が利せられるということが少しはできるかもしれません。しかし、よろこんで自分のすべてを相手に投げ出す利他行は、そもそも普通の人間には出来ないことです。

親鸞聖人は、五念門の行は現実の人間（行者）が行なうべき修行の過程を示したものではない。五念門の利他行は人間にはできない、仏さま（菩薩）だけができる仏になる過程だと押さえられました。

つまり、五念門の利他行とは、これからたどるべき仏さまを目指す一人一人の行者が、くぐり抜けねばならぬステップ（門）なのではなく、無数の仏たちがたどってきた過程の〝普遍的なメソッド〟を示したものだったといえばいいでしょう。

だとしたら、五念門のその道をたどってきた代表の菩薩といえば、誰になるのでしょうか。…そうです、阿弥陀仏の因位（人間像）である法蔵菩薩になります。その法蔵菩薩がメソッドに沿って五つの門をくぐり成就したのが、阿弥陀仏の本願力回向ということになります。

本願力の回向

ずいぶん面倒な話になりましたが、何の力もない愚かな私が、どうしたら仏さまに成ることができるのかという切実な問題が背後にあるのです。何の行もできない私の為に、阿弥陀仏の本願の力が私に向かって働いていたということです。この本願の力に利他の回向のはたらきがあることを読み取ったのが「本願力回向」という言葉です。そして、私に回向する本願力の働きを、一心に（ふたごころなく疑うことなく）いただくこと、これが「信心」です。

仏になるために人間に五念門の行が必要なのではなく、法蔵菩薩が五念門を成就して私に回向する如来のまことの心「信心」をいただくことが仏道となったのです。これが、「広く本願力の回向によりて、群生（力なく迷えるもの）を度せんがために、一心（信心）を彰す」ということです。回向は何かを願って、人間の側から振り向けるものではありません。回向する主体は如来、仏さまです。これが本願力回向、他力です。

蓮如上人は「自力の念仏といふは、念仏おほく申して仏にまゐらせ、この申したる功徳にて仏のたすけたまはんずるやうにおもうてとなふるなり」（「蓮如上人御一代記聞書《ききがき》」）といわれました。そんな自力の念仏、人間の側からの回向ではありません。

また「願作仏《がんさぶつ》の心はこれ　度衆生《どしゅじょう》のこころなり　度衆生の心はこれ　利他真実の信心なり」（「高僧和讃」）と親鸞聖人はおっしゃいました。仏になろうと願う心は、仏さまから呼びかけられ、仏さまから私に振り向けられた（回向された）心です。私には仏になろうという心などありません。仏さまの私を救わんとする利他の心が、私に成就して「信心」となるのです。ここに「行」に立つ仏教から「信」に立つ仏道が確立されたのです。

（２０２０・７放送）

第26話　天親③

「獲」と「得」

天親菩薩の3回目、「功徳大宝海に帰入すれば、かならず大会衆《だいえしゅ》の数に入ることを獲《う》。蓮華蔵世界に至ることを得れば、すなはち真如法性《しんにょほっしょう》の身《しん》を証せしむと」いうところです。難しい言葉が続きますが、大いなる宝の海に譬えられる本願力の回向、私に向けて働く本願の力であるナモアミダブツの功徳（恵み）に、この身をおまかせすれば、必ず今、「大会衆」の数に入るといわれます。

「大会衆」とは、阿弥陀仏の浄土で今、現に説法しておられる会座《えざ》に集まる人々のことをいいます。阿弥陀仏が極楽浄土で説法を聞いている人々（衆）の中に、あたかも私も仲間入りすることになるということは、念仏申す今、この娑婆世界において浄土の一員として迎えられ、往生が決定することを意味します。

「必獲入大会衆数」の「ぎゃく」という字は獲得の「獲」という字ですが、念仏申す「今、獲る」という字です。それに対し獲得の「得」は「未来において得る」という字で、親鸞さまは明確に区別しておられます。

それが次の「得至蓮華蔵世界」です。「蓮華蔵世界」とは泥の中にあって染まらず、そこから清浄な華を咲かす蓮に譬えられる煩悩が転じられた世界、阿弥陀仏の極楽浄土のことをいいます。浄土に至り仏さまになるということは、「即証真如法性身」悟りの智慧の身となる、阿弥陀仏のはたらきと一体になるということですが、それは「得」という未来のことになります。

「念仏申さんとおもひたつこころのおこるとき」には、阿弥陀仏の大会衆の仲間となり、この世において仏さまに成るものに加えられ（これが獲）、そして、命終われば浄土に生まれ阿弥陀如来のはたらきと一体になって、如来の仕事に参加していくものになる（これが得）。「獲得《ぎゃくとく》」とは未来に（得る）世界を、今知らされ、たまわること（獲）です。

浄土に「入」るとは「出」ること

阿弥陀如来の仕事とは何だったでしょうか。苦悩するものを救い喜びを与えるということでした。浄土に往生した人は、それで使命を終えて浄土にとどまって、鎮座ましますのではありません。如来大悲と一体になることは、仏さまの仕事をするものになるということです。それが次の「遊煩悩林現神通　入生死園示応化」（煩悩の林に遊んで神通を現じ、生死の園に入りて応化《おうげ》を示す）という結びの言葉となります。

林といい園といい、日本では庭園に遊ぶようなイメージになりますが、インドでは蛇や猛獣が出てくる藪やジャングルです。人々が抱える、そのような燃え盛る激しい煩悩の只中で、迷いの人々を救うために遊ぶがごとく自由自在にすぐれた力、神通を発揮し、それぞれの人々を助けるにふさわしい働きかけをするものになろうということです。ここに至って初めて、本願力回向の利他行が完成するのです。

浄土は楽しいパラダイスではありません。また、浄土は苦悩からの避難所でもありません。浄土に「入」ることは、浄土から「出」ることなのです。よろこんで苦悩に関わり、苦しみからその人を救うという仏さまの利他行に参加するものになるということです。今はできないけれど、そんな大いなる世界に生まれて往くのだという確信を獲て、その世界に向けて、できることから始めていこう。これが念仏者の生活ということになりましょう。

芥川龍之介『蜘蛛の糸』

天親菩薩の話は、すこし難しかったと思います。補足の意味で最後に芥川龍之介の『蜘蛛の糸』という小説を参考に見てみましょう。「ある日のことでございます。お釈迦さまは極楽の蓮池のふちをぶらぶら歩いておられました」から始まります。極楽におられるのは阿弥陀さまでしょうが、これはこれで、小説だからいいでしょう。

お釈迦さまは血の池地獄で苦しんでいるカンダタを見ます。彼は人殺しで大泥棒でしたが、たった一つだけ、踏み殺そうと思ったクモを助けてやったことがありました。お釈迦さまはそのことを思い出し、極楽から地獄のカンダタのもとにクモの糸を垂らされます。糸をつかんだカンダタは上へ上へとのぼって行きます。

ふと下を見ると、たくさんの罪人たちがのぼってくるではありませんか。ただでさえ切れそうなクモの糸です。カンダタは「このクモの糸は俺のものだぞ。降りろ、降りろ」と叫びました。そのとたん、今までなんともなかったクモの糸は、ブツリッと音を立てて切れました、という話でした。

この話は仏典にはなく、芥川の創作だといわれますが、どんな罪を犯したものでも、阿弥陀仏は見捨てない、何とか地獄の苦しみから救ってやろうと思っておられるのです。如来大悲の利他の心は地獄の住人にまで届いているのです。つまり、極楽浄土に生まれ仏になるということは、この如来大悲と一体になるということでしたから、浄土に往くことは浄土から出てクモの糸にさえなって、如来と共にカンダタをも救うものになろうということです。

地獄の住人は鉄の爪をもって、お互いに切り刻んでいるという描写がありました。(「往生要集」)まさに「この糸は俺のものだぞ、降りろ」という叫びが、地獄の人間の言葉です。もし、「ついてこい、一緒にのぼろう」と言ったとしたら、クモの糸は決して切れなかったはずです。

「煩悩の林に遊んで神通を現じ」とは、血の池に苦しむものをも自在に救い、「生死の園に入りて応化を示す」とは、切れないクモの糸さえも差し向けることができるという大悲です。浄土から出て働くこの回向に、天親菩薩は大乗仏教の利他の究極のかたちを示しました。それをもとに親鸞聖人は、私に回向する「本願力回向」の教学を確立されたのです。

(2020・8放送)

本師曇鸞梁天子　常向鸞処菩薩礼
三蔵流支授浄教　焚焼仙経帰楽邦

本師曇鸞は、梁《りょう》の天子、つねに鸞《らん》のところに向かひて菩薩と礼《らい》したてまつる。
三蔵流支《さんぞうるし》、浄教を授けしかば、仙経《せんぎょう》を焚焼《ぼんじょう》して楽邦《らくほう》に帰したまひき。

次の中国の曇鸞大師は、当時の梁の国の国王が、常に大師のおられるところに向かって、菩薩と敬い礼拝《らいはい》されたといわれています。

インドから三蔵（経・律・論）を伝えた菩提流支《ぼだいるし》という人に出会って、浄土の経論を授かり、それまで信じていた長生不死を説く仙経を惜しげもなく焼き捨てて、浄土の教えに帰入されました。

天親菩薩論註解　報土因果顕誓願
往還廻向由他力　正定之因唯信心

天親菩薩の『論』を註解《ちゅうげ》して、報土《ほうど》の因果誓願《せいがん》に顕す。
往還《おうげん》の回向は他力による。正定《しょうじょう》の因はただ信心なり。

そして、天親菩薩の「浄土論」を註釈し、真実の浄土（報土）に生まれる因も果も、自らの力によるのではなく、すべて如来の誓願の力に基づくことを明らかにされました。浄土に往き仏になるということは、浄土から迷いのこの世に還ってきて、如来の利他行に生きるものになるということでした。（天親）本願の回向の力によって、浄土への往還の仏道が示されたのです。その力に催されて歩む浄土への道は、如来の回向に頷くまことの信心一つによって定まるのであると押さえられました。

惑染凡夫信心発　證知生死即涅槃
必至無量光明土　諸有衆生皆普化

惑染《わくぜん》の凡夫、信心発《ほっ》すれば、生死《しょうじ》すなはち涅槃なりと証知せしむ。
かならず無量光明土《むりょうこうみょうど》に至れば、諸有の衆生みなあまねく化《け》すといへり。

今は惑いに染まった凡夫の私ですが、その私に如来のまことの心が起こってくれば、生死に執らわれている己の迷いの姿が見えてくることになり、それがそのまま、さとりの智慧にふれる体験になるということができるでしょう。
そしていよいよ、量り知れない光の浄土に生まれることになれば、あらゆる人々を導くことになるだろう、と結ばれました。

第27話　曇鸞①

道教の霊山・五台山

七高僧の3人目、中国の曇鸞大師（476〜542年・67歳）に入りました。「本師曇鸞は、梁《りょう》の天子、つねに鸞《らん》（曇鸞）の処に向かひて菩薩と礼《らい》したてまつる」というところです。曇鸞は北魏《ほくぎ》の巌門《がんもん》というところで生まれました。当時の中国は南北に政権が分かれていて、南には梁の国がありました。曇鸞はこの二つの国の帝王から深く敬われていました。北の「魏《ぎ》の天子はたふとみて　神鸞《じんらん》とこそ号せしか」。そして南の「梁の天子蕭王《そうおう》は　おはせしかたにつねにむき鸞菩薩とぞ礼しける」（「高僧和讃」）と、これが「本師曇鸞梁天子〜」です。

誕生の地、巌門の約100キロ東に、いま世界遺産になっている五台山があります。中国の寺院の多くは文化大革命の破壊にあいましたが、行きすぎた政策を改めて、急速に復元されています。信仰というよりは観光で人を集めているようですが、五台山といえばもともと神仙《しんせん》（神通力を得た仙人）が住むといわれた道教の霊場でありました。

道教は創始者がいない自然宗教で、日本の神道に似ています。中国の一般的な人はどんなイメージを持っているかといえば、かつて西安でレントゲン技師をしていた友人に問うたことがありました。「道教と仏教はどこが一番違うと思いますか」と聞いたところ、即座に「道教は占いをします」

と返ってきました。人や物事の吉凶禍福を占う、つまり除災招福を祈り不老長寿を求める現世利益が、民衆にとっての道教のイメージでした。

不老長生を求めて

さて、曇鸞は15歳で出家し、五台山麓の寺院を中心に修行と研鑽に励みました。初め龍樹の般若の教学に親しみましたが、やがて「大集経《だいじっきょう》」という大部で難解な経典の注釈をしようとして、52歳頃に気疾《きしつ》という呼吸器の病に悩まされました。

そして、「いのちみじかくは、ひとをたすくることいくばくならん」と思って、道教の不老長生の医術を体得しようと、南の梁の国に仙術の大成者、陶弘景《とうこうけい》（陶隠居）という人を訪ね、3年間その道を極めました。そして、仙術の秘伝が書かれた書物（仙経）を授かり、意気揚々として北魏の都・洛陽に帰ってきます。そこで菩提流支三蔵に出会うのです。（三蔵とは経典の翻訳者という普通名詞です。）

曇鸞は得意げに、この「仙経にすぐれたる法やある」と問うたところ、菩提流支は地面に唾をはいて、「いづくのところにか長生不死の法あらん。たとひ長年を得てしばらく死せずといふとも、つひに三有に輪廻すべし」、ついに迷いの世界を経めぐるだけの人生で終わるだろうと言って、「観無量寿経」を授け、「これこそまことの長生不死の法なり、これによりて念仏すれば、はやく生死をのがれて、はかりなきいのちを得べし」と激しく諭したといいます。

この話は蓮如上人の「正信偈大意」に依りますが、そのとき曇鸞はどうしたでしょうか。私なら道教の秘伝の書を3年もかけて、せっかくもらったのだからと取っておくでしょうが、「仙経十巻をたちまちに焼きすて」たのでした。これが、「三蔵流支授浄教　焚焼仙経帰楽邦」（三蔵流支、浄教を授けしかば、仙経を焚焼して楽邦に帰したまひき）浄土の教えに帰依されたのです。焼き捨てたところには、大いなる教えに出会った感動と偽物をつかんでいたという迷いが吹っ切れたということでしょう。

道教の大家・陶弘景とは、しかし怪しげな人ではなく立派な人でした。曇鸞の主著「浄土論註」には道教の古典「抱朴子《ほうぼくし》」などからの引用があったりして、実際に健康を回復されたようです。陶弘景は仏教にも深く心を寄せ、またすぐれた医者で本草学者として今日の漢方医学の基礎を築いたともいわれます。しかし、どんなに長生きをしても結局死すべきものにとって、本当の長寿の意味を問うた菩提流支の問いに、曇鸞は答えることができなかったのでしょう。

菩提流支のいう「はかりなきいのち」とは、無量寿なるいのち、浄土に生まれていくような人生ということでしょう。「朝に道を聞かば、夕べに死すとも可なり」という言葉がありましたが、人生は長さではない。よろこびに満ちた深さこそが人生であった。全く本末転倒、思い違いをしていたことに気づかれたのでした。

「観無量寿経」か「浄土論」か

曇鸞をして仙経を焼き捨てることになった経典は「観無量寿経」とも、天親菩薩の「浄土論」だともいわれています。「観経」は観仏から称名による往生を説くお経ですが、その意味が確立されるのは、曇鸞から100年も後の唐の時代の善導大師によってです。浄土教の流れを考えるならば、三蔵流支が授けた「浄教」とは「浄土論」であったかもしれません。

七高僧の二人目は前回にお話したインドの天親菩薩でした。天親は西暦400年ごろの人、曇鸞は500年ごろの人、時代も国も違うのですが、二人はどう繫がるのでしょうか。

それは天親の著作「浄土論」の本願力回向の意味を、曇鸞が明らかにしたことによります。そして、その天親の「浄土論」を漢訳したのが、ほかならぬ曇鸞に目覚めを促した菩提流支だったのでした。三人は「浄土論」によって繫がります。

そして、「天親菩薩論注解」（天親菩薩の「論」を注解して）と続きます。この天親・曇鸞から一字ずつ名をいただかれて、私たちの宗祖は「親鸞」と名のられました。天親・曇鸞というお二人の「回向」という思想が、浄土真宗の骨格となったのです。次回にそれを続けます。（2020・9放送）

第28話　曇鸞②

梁《りょう》の武帝と達磨《だるま》大師

「本師曇鸞梁天子　常向鸞処菩薩礼」のところでした。梁の武帝・蕭王《そうおう》は仏教に深く帰依した人でした。武帝の都を詠んだ杜牧《とぼく》の詩に「江南の春」というのがありました。「千里鶯《うぐいす》鳴いて緑紅《みどりくれない》に映ず／水村山郭《さんかく》酒旗の風／南朝四百八十寺《しひゃくはっしんじ》／多少の楼台煙雨《ろうだいえんう》の中」かってのたくさんの寺々の高い建物が、今なお春雨の中に浮かんでいる。平和と繁栄を思わせる詩です。

梁の武帝は自らを神や仏の位に位置づけることなく、戒律を守り仏法僧に帰依する三宝の奴《やっこ》と称しました。この時代、朝鮮の百済は梁に使者を送り、仏像や経典を求めました。日本に百済から仏教が伝えられたという538年は、まさに梁の時代であり、聖徳太子の十七条憲法で「篤く三宝を敬え」といい、聖武天皇も自らを「三宝の奴」と称したのは、どちらにも武帝の影響があったのかもしれません。

曇鸞は梁の武帝に会って援助を受けましたが、インドから来た禅宗の祖とされる達磨大師は、武帝と有名な問答をしています。およそこんな話です。武帝いわく、「私は多くの仏塔を建て自ら経文を学び、仏教のために尽くしてきた。どんな功徳があるだろうか」という問いに対し、達磨は一言「無功徳」、何の功徳（ご利益）もないと突っぱねたのです。

寺院を建立したりする行為の見返りで、特別な功徳が自分の身に与えられるという思いは、仏さまを大事にしているようでありながら、自分への見返りの方を上にするということになります。仏塔建立は手段であり、自らの安寧の方が目的になります。

吉凶禍福を占い除災招福を祈願し、不老長寿を願うという道教の現世利益の根元には、神仏を敬っているようでありながら、自らの願望の実現を拝んでいることになります。達磨が「無功徳」と喝破したのも、曇鸞が仙経を焼き捨てたことも、根本はそんなところにあったでしょう。

往還《おうげん》の本願力回向

さて、菩提流支に出会い決定的な目覚めを得た曇鸞は、60歳頃から天親菩薩の「浄土論」の注釈に取り組むことになります。「天親菩薩論註解」、そして「報土因果顕誓願」（報土の因果誓願に顕す）です。浄土が建立された成り立ちも、私たちが浄土に生まれる因《たね》も結果も、どちらも阿弥陀仏の誓願の力によることを明らかにされたのです。

普通は浄土に生まれるにはそれ相応の行が必要で、その自力の行によって仏さまの世界に往くと考えるのですが、そうではなく仏が回向する本願の力（パワー）によって仏になることができることを明らかにされたのです。それが次の、「往還回向由他力　正定之因唯信心」（往還の回向は他力による。正定《しょうじょう》の因はただ信心なり）です。

「回向」は親鸞聖人の教えの核心です。回向ということを最初に押さえた人は天親菩薩、「本願力回向」という言葉でした。そして、それをもとに曇鸞大師は「往還回向」といわれました。また、「他力」という言葉も曇鸞の重要な言葉です。

まず、回向とは「振り向けること」です。訳すればTurning overです。自らが得たものを自分のために使うのではなく、他者のために振り向け捧げることをいいます。他を利するという「利他」の心が回向の原点です。仮に位置づけるなら、この利他の心を持つものを仏といい、それを得るために修行するものを菩薩といい、その仏の力（利他の本願力）に励まされながら浄土への道を歩むものが私という存在になるでしょう。

天親・曇鸞といったすぐれた人は、本願の力に応えるべき、菩薩の道を目指し実践されたのでしょう。それが天親の「五念門」でしたが、その道は個々の人間が修めることができる道ではなく、菩薩がたどるべき普遍的な道（くぐり抜けるべき門）であり、法蔵菩薩という普遍的菩薩がたどった過程であると押さえられたのが、私たちの親鸞聖人でした。浄土に生まれるべき自利の行も、目的である利他の行も、どちらもできない私たちは、「他利」（仏に利せられるもの）でしかないと押さえられました。

「回向したまへり」と読む

本願の仕組みが成り立ったことを示す「本願成就文《じょうじゅもん》」に、「至心回向《ししんえこう》」という四文字があります。「心を至し回向する」と書きます。また、そう読めば、私たちが積んだ功徳を、心を込めて他者（仏さまや亡き人や苦しむ人）に振り向けるという意味になります。振り向け回向する主体は私です。私が心を尽くして、念仏を振り向けるのが「心を至し回向する」と読むときの回向になります。

その「至心回向」を親鸞聖人は「至心に回向したまへり」と送り仮名を振られました。「したまへり」と尊敬語にして読むと、それは私が行なう行為でなく、阿弥陀仏の行為になります。回向とは、私から阿弥陀仏の方へ振り向ける行為ではなく、阿弥陀仏が声となって、それを私たちに振り向けてくださる行為になります。それが「他力」、如来の本願力回向です。

思い出してください（第8話参）。阿弥陀仏にならんとして、五劫のあいだ思惟した法蔵菩薩は、こう誓っていました。「重ねて誓ふらくは、名声十方に聞えん。」（重誓名声聞十方）と。憂いや悩みに沈む私たちに向かって、ナモアミダブツの名となり声となって私たちを励まし救うものになろうと働くものが阿弥陀如来でした。阿弥陀仏の願いがこもったその声が本願の力によって、私たちに送り届けられているのです。それが「他力」、「至心に回向したまへり」ということでした。

（２０２０・10放送）

第29話　曇鸞③

往・還、二つの構造

曇鸞大師の3回目、「往還回向由他力　正定之因唯信心」（往還の回向は他力による。正定《しょうじょう》の因はただ信心なり）というところでした。

回向とは、仏道を歩むものが自ら得たものを自分のために使うのではなく、他者のために振り向けることをいいました。この利他の行為は、人間にとっても最も大切なことでしょうが、私が起こす利他の行ないには限界があり、すぐれた菩薩にしかできないものでした。

利他の回向は私にできるものではなく、仏・菩薩のみに備わった行であり、利他の回向を成就したものを仏といいます。もっと言えば、仏さまが利他のはたらきをするというより、利他の回向そのものが仏さまだといえばいいでしょう。それが本願力回向です。阿弥陀如来から私に振り向けられている本願の力を受けて、私に如来のまことの心、信心が発起し、これが仏さまになる正定の因（正しく定まった因）だと押さえられました。

そして、その本願力回向のはたらきには、二つの構造があるといわれるのです。回向の一つは、私を仏さまの世界に生まれしめんとするはたらきであり、もう一つは私をして仏さまの世界から出させて利他のはたらきをさせんとする二つの構造をもっていることを曇鸞は示されたのです。

仏さまの世界に生まれて往くことを「往相《おうそう》」といい、仏の世界から出ることを「還相《げんそう》」といいます。本願の回向には、この往還という二つの働きがあるのです。でも、せっかく浄土に生まれたのに、浄土に往く「入る」とは浄土から「出る」ということであるとは、なかなか理解できないかもしれません。しかし、これが親鸞聖人の深い思想の根本となります。

私に「せさせん」とする回向

浄土に往き、どこに出るのかといえば、苦悩の迷いの世界に〝還る〟のです。それを親鸞《ふけん》さまは、「往相はこれより往生せさせんとおぼしめす回向なり。還相は浄土にまゐり、果ては普賢《ふけん》のふるまひをせさせて衆生利益せさせせんと回向したまへるなり」（『高僧和讃』左訓）

すなわち、「普賢のふるまひ」とは慈悲をつかさどる普賢菩薩のように、浄土に安住することなく浄土から出て、生きとし生けるものを利益するものにせんとするはたらきが本願力の還相回向です。私をして苦悩するものを利他し、喜びを与えるようなものにせんとするのです。回向は私に「せさせん」とする力です。

そもそも仏さまとは苦悩するものを利他し、喜びを与えるものでしたから、私も浄土に生まれれば仏の大いなるはたらきに参加するものになるのです。本願力回向には、私をして往生せしめんとする往相と、私をして普賢のふるまいをせさせんとする還相との二つの構造があるのです。回向するものは如来です。如来のその回向のパワーを「他力」といいました。しかし、往相は理解できても、還相回向はなかなか分かりにくいと思います。もう少し角度を変えて迫ってみましょう。

アジャセの回心《えしん》

お釈迦さまがおられた頃、アジャセ（阿闍世）という太子がいました。出自にまつわる怨みのゆえに、父親の王を牢獄に閉じ込め死に至らしめます。しばらくして深い後悔の念に駆られますが、誰一人としてその苦しみを救うことができません。以下は「涅槃経」にある話です。

聡明なギバという大臣に勧められ、お釈迦さまのもとへ行くことになるのですが、恐ろしくてならないのです。一頭の象の背中の上に、一緒に乗ってくれるように頼みます。もし、地獄に堕ちるようなことがあったら、「われをして堕さしめざれ」しっかりと捕まえていてくれと頼みます。

しかし、お釈迦さまの説法を聞き終えると、アジャセは言いました。私は如来を敬うことも、教えを信じることもなく、まさに地獄に堕ちるべきものでした。今、お話を聞き、私の悪い心の中に仏の尊い心が起こってきました。もしこれから人々の悪い心を打ち破ることができるなら、私は無《む》間《けん》地獄のなかにあって、さまざまの苦悩を受けることになっても、「もって苦とせず」、それを苦しみとはしませんと言いました。

これが、親を殺したアジャセの回心でした。地獄に堕ちないようにと恐れるところに救いはありません。地獄に堕ちるべき自分であったという深い慚愧《ざんき》の思いが救われたというスワリです。地獄でどんなに苦しい身になったとしても、私はよろこんで地獄の住人になってもかまわないとアジャセは言い切ったのです。これが仏さまになるということです。

浄土に生まれるとは仏の本願に生きることでした。結構な世界でアグラをかいて休むことではありません。本願に生きるとは浄土を出て、苦悩の世界に関わるということでした。

労苦を避けていた身から、喜んで苦労ができる、そんな心を与えてやりたい、力を与えてやりたいとはたらいているのが還相回向です。目先のこと、自分のことしか考えられなかった私に、広大な世界が開かれてきます。還相回向は浄土に生まれることによって得ることができる利益、「往相回向の利益」（「正像末和讃」）だといわれます。

しかし、浄土に生まれて、そしてそれから、私が還相するという話ではありません。私をして還相させ、苦悩の世界に身を投げ出すものにするという如来の大いなる心を、〝今〟知り、いただいていくということが往還回向の根本です。

今は還相のはたらきはできず、その功徳を仰ぐばかりですが、いのち終わればその大いなる世界に生きるものになる。今できないことが、できるものになっていく。還相を未来に仰ぎながら、現実社会を生き抜いていくということ。人生の深い歩みがそこから始まるということです。

（2020・11放送）

第30話　曇鸞④

煩悩に染まるもの

曇鸞大師の最後です。「惑染凡夫信心発　証知生死即涅槃」（惑染《わくぜん》の凡夫、信心発《ほっ》すれば、生死《しょうじ》すなはち涅槃なりと証知《しょうち》せしむ）というところです。

「惑染」の「惑」とは誘惑の惑で煩悩のこと、「染」は染まるという字。人間とは煩悩に染まったものであるということです。これまでによく「煩悩具足の凡夫」と言ってきました。「その通りだ」と自覚しているつもりですが、人から、例えば妻から「アナタみたい、ワガママで煩悩丸出しの人はいない」と言われたら、「何を言うか」と逆に罵倒することでしょう。

「煩悩に染まったただの人だ」とは、人が人に向かって言う言葉ではないのです。煩悩を抱えている自分の姿は、煩悩を抱えている自分からは認識できないようになっています。真っ暗闇の中にいるものは、ものを認識できないばかりか、闇の中にいることも分かりません。

親鸞さまは、「仏かねてしろしめして、煩悩具足の凡夫と仰せられたることなれば」（『歎異抄』）と言われました。仏さまの澄んだ眼から見たときの人間の姿なのです。お釈迦さまは韋提希《いだいけ》というマガダ国のお妃に、「なんぢはこれ凡夫なり。心想羸劣《るいれつ》にしていまだ天眼を得ざれば、遠く観ることあたはず」（『観無量寿経』）と言われました。人間とは心が弱く、遠く見ることができないものである。自分が一番可愛く、自分のことしか考えられないものであるということです。

　そんな「惑染凡夫信心発」、惑染の凡夫に信心が発起すればと続きます。「信心といへる二字をば、まことのこころとよめるなり」（「御文章」）と蓮如上人も言われたように、信心とは私がスルものではなく「如来の他力のよきこころ」でした。遠く見ることができず、自分のことしか考えられない私に起ってきた仏さまの心です。起ってきた仏さまの心によって、「惑染凡夫」である私の姿にうなずかされるのです。

生死「即」涅槃とは

「惑染凡夫」である私の煩悩具足の姿が見えてくるということは、情けない暗い私が見えてくることではありません。私の気づかなかった実像が知らされてくることですから、明るい智慧の体験なのです。これも蓮如上人の言葉ですが、「人のわろきことはよくよくみゆるなり。わが身のわろきことはおぼえざるものなり」といった広い視野が開かれてくるのです。

　この仏さまのような広い視野が、次の「証知生死即涅槃」（生死すなはち涅槃なりと証知せしむ）のです。生・死と書いて「しょうじ」、生まれて死ぬる空しい流転の命のことをいいます。迷いの空しい人生が、そのまま悟りの境地だと仏が「証知せしむ」のです。「せしむ」ですから、私に「生死即涅槃」と証知、はっきりと思い知らせるのは如来のはたらきです。

しかし、〝迷いの命〟が「即」そのまま〝迷いのない境地〟であるとは、どのような意味なのでしょうか。迷いの生死と悟りの涅槃は正反対のことです。しかし、矛盾する二つが違うままで一つであるということです。

西洋の論理学に矛盾律というのがあり、AはAであって、非Aではない。つまり、〈この花は赤い〉という命題とその否定命題〈この花は赤くない〉が、同時に成り立つことはないという法則です。しかし、仏教でよく表現される「即」という論理は、この花は赤いということと、この花は赤くないということが同時に成り立つのです。「生死即涅槃」は、迷いの状態のそのままが悟りの状態になるということです。

迷いと悟りが溶け合って一つになるのではありません。それはミスティシズム（神秘主義）、即身成仏です。私の迷いと仏の悟りは決定的に違う正反対のものです。正反対に対応しているゆえに、煩悩を具足している迷いの姿を知ることができれば、即ち仏の悟りの智慧に触れているということになります。

お釈迦さまは何を悟られたかといえば、煩悩を具足したものであったということです。ですから、仏さまが分かるということは、自分の煩悩が分かるということと同じなのです。悟りと煩悩という違うものが、同時に対応して成り立っているのです（西田哲学でいう逆対応です）。「即」の論理は西洋の矛盾律の逆転です。

照らされるものから照らすものへ

自分の煩悩が見えてくれれば、ほとんど悟りの境地なのです。そして「かならず無量光明土《むりょうこうみょうど》に至れば、諸有の衆生みなあまねく化すといへり」と結ばれます。浄土をここでは「無量光明土」と表現されています。あふれる光の世界です。光は闇を照らします。浄土に往生すれば、如来の還相回向のはたらきに参加して無量の光明をもって、この世の迷える人々の闇を照らし、救うものになるといわれるのです。

曇鸞にこんなたとえがありました。「たとへば千歳の闇室に、光もししばらく至れば、すなはち明朗なるがごとし。闇、あに室にあること千歳にして去らじといふことを得んや。」（「浄土論註」）即ち、千年もの間、闇に閉ざされていた部屋に少しでも光が入れば、たちまちに明るくなる。千年も部屋にとどまっていた闇だから、その闇はすぐに立ち去っていかないなどということは、ありえないであろうというのです。

私たちは煩悩具足の凡夫と頭で言いながら、まったく閉ざされた暗室にいて何も見えていないのです。何も見えない暗室の天井に、小さな穴が開いて光が入れば、自分が暗室の中にいたことに気づくのです。闇の中にいたことが分かれば、もう暗くはないのです。やがて、光の世界に出て如来の光と一体になって、今度は人々の苦悩の闇を照らすものになるのです。有難い喩えだと思います。

（２０２０・12放送）

道綽決聖道難證　唯明浄土可通入
萬善自力貶勤修　円満徳号勧専称

道綽、聖道《しょうどう》の証しがたきことを決して、ただ浄土の通入すべきことを明かす。
万善の自力、勤修《ごんしゅ》を貶《へん》す。円満の徳号、専称《せんしょう》を勧む。

次の道綽禅師は、末法の今、難行・自力の聖者の道では、さとりを得ることはとても難しく、ただ弥陀の本願を信じて浄土に生まれて往く易行・他力の道しかないことを明らかにされました。

よろずの善根を積む自力の行を脇に置き、もっぱら功徳に満ちた仏の名号を称えよ、とすすめられました。

三不三信誨慇懃　像末法滅同悲引
一生造悪値弘誓　至安養界證妙果

三不三信《さんぷさんしん》の誨《おしえ》、慇懃《おんごん》にして、像末法滅《ぞうまつほうめつ》同じく悲引《ひいん》す。
一生悪を造れども、弘誓《ぐぜい》に値《もうあ》ひぬれば、安養界に至りて妙果を証せしむといへり。

そして、本願への他力の信と自力の不信のありようを丁寧に諭《さと》し、仏教が形ばかりになり滅びる時代になっても、本願の心は変わらずに人々を救い続けていくであろう。
たとえ一生の間、悪を造る者も弥陀の誓いに出遇えば、いのち安らぐ世界（浄土）に至り、まことのさとりを開くであろう、とはげまされました。

第31話　道綽①

末世の自覚

浄土真宗の七高僧の4番目、中国の道綽禅師に入ります。禅師といっても禅宗のお坊さんではありません。仏教の教理に造詣の深い人を法師《ほっし》、戒律に厳格な人を律師といい、実践修行を重んじた人を禅師と呼んで尊敬しました。晩年には日々、念仏を称えること7万遍に及んだといわれることが、道綽「禅師」と慕われることになったのかもしれません。

さて、まず道綽禅師については、その時代背景から見なければなりません。道綽は562年から645年まで、日本でいう大化の改新の年に84歳で亡くなっておられます。ちょうど聖徳太子の時代だったことに重なります。曽我と物部、崇仏と廃仏にゆれた日本でしたが、中国でも南北両朝に分かれ、国々が興っては滅ぶという戦乱の時代でした。

道綽は14歳で出家しましたが、一般庶民の貧しい家庭に生まれ、食べるため生活のための出家であったと伝えられています。しかし、2年後の16歳の時、国は隣国・北周《ほくしゅう》の武帝の支配下になって、徹底した廃仏政策がとられ、寺は壊され経典は焼かれ、道綽を含めて300万人を超える僧が還俗させられました。しかし、北周は間もなく滅び、隋《ずい》の時代になり、道綽は21歳の時、再び出家するのです。

国の動乱に翻弄されるという原体験が、道綽の時代認識を決定的に左右します。「末法思想」です。末法思想とは、「正法・像法・末法」という三つの時代区分をいいます。正法の時代とはお釈迦さまが亡くなられてからの500年をいいます。この時代はまだお釈迦さまの教えが生きていて、それをもとに修行し悟りを開く人もいるのです。

その次を像法の時代といいます。像とはイメージということです。お釈迦さまの教えはあるのですが、各人が勝手に思い描く修行となり、悟りを得るものがいなくなるのです。これが1000年続き、そして末法の時代に入ります。お釈迦さまの教えはあっても、単なる形だけの教理となってしまい、それを実践する人も、悟りを開く人もいなくなるのです。お釈迦さまが亡くなられて1500年、ちょうどその末法に突入した時が、若き道綽の時代であったのです。

浄土古刹・玄中寺

再び出家した道綽は懸命に学問を重ね、「涅槃経」講述の第一人者といわれるようになりました。厳しい自力の行にも励みました。しかし、何か晴れないものを抱えておられたのでしょう。48歳の時に、たまたま曇鸞大師がかつて住んでおられた玄中寺《げんちゅうじ》を訪ねたのです。そして、曇鸞のことが書かれた石碑を読んで、浄土の教えに帰依されたと言われています。

北周の武帝が行なった経典を焼くという焚書《ふんしょ》という廃仏政策に対し、この頃から中国では大切なお経の文句などを石に刻むということが行なわれています。玄中寺の碑文は、どんなものだったか。なんて書かれてあったのでしょうか。残念ながらその石碑は現存していないのですが、自力の修行で悟りを得ることが困難であること、本願の力による他力念仏こそ末法の時代にふさわしい教えであるという内容であったと思われます。

玄中寺は標高900mほどにあり、石壁山《せきへきざん》という山号のそのままに、山の麓に建つ霊場という雰囲気があります。また、曇鸞が晩年にこの寺に住し、道綽がその曇鸞の碑文に出会い、さらに後の善導がこの玄中寺に道綽を訪ねて教えを請いました。つまり中国浄土教三祖ゆかりの古刹です。私は25年前に訪ねましたが、もう一度お参りしたいお寺です。

聖道門から浄土門へ

さて「正信偈」の文「道綽決聖道難証　唯明浄土可通入」ドーシャー、ケッショー、ドーナンショーというリズミカルなところです。(道綽、聖道の証しがたきことを決して、ただ浄土の通入すべきことを明かす)です。聖道とは自力で悟りを目指す聖なる難行の道ですが、証《さとり》を開くことは困難なのです。末法の今は浄土に生まれ往く念仏の教えにこそ依るべきであると道綽は説いたのです。

そのことについて道綽の書いた「安楽集」という書物に、こんな問答が載っています。ある人がこの動乱の娑婆世界で悩める人を救うことこそ仏の道で、浄土に往生することを願うというのは、もってのほかではないかと。答えて曰く。その人が菩薩のような聖者ならば、あたかもカモやガチョウが水の中で濡れないように、人々を助けることもできよう。しかし、我らがごとき煩悩に左右される者は相手を助けようとしても、ニワトリが水の中で溺れてしまうように、ともに溺れ沈んでしまうだろう。

例えば、40里四方の氷に1升の熱湯をかければ、少しは氷が溶けるだろうが、翌朝になればその部分はかえって氷が盛り上がっているように、願った目的と反対の結果になりかねない。人々の苦難に対し何か手助けできたとすれば有頂天になり、かなわなければ怒りや妬みの煩悩を増すばかりである。これは仏の心に沿わぬことであると述べられます。

ここには徹底した現実の認識があるというべきです。動乱の世のなかを見据える時代認識と仏道を実践する方法も定かでない末法を生きている自らの姿です。それが次の「万善自力貶勤修　円満徳号勧専称」（万善の自力、勤修《ごんしゅ》を貶《へん》す。円満の徳号、専称を勧む）です。

よかれと思って修めるもろもろの自力の行を貶す。すなわち、貶《おとし》める、しりぞける。間に合わないものとして退け、専らナモアミダブツの念仏、円満の徳号を称えることを勧められたのでした。自身の能力の限界を知るためには、勇気と誠実さが必要です。それを促したのは、如来大悲の結晶である念仏の大地の確かさでした。

（2021・1放送）

第32話　道綽②

仏に近づこうとする念仏

道綽禅師の２回目、「三不三信《さんぷさんしん》の誨《おしえ》、慇懃《おんごん》にして、像末・法滅同じく悲引す」というところです。前回は自力で悟りを開くことの限界を知り、ならば本願の力、如来のまことの心である念仏をいただきながら生きていこう。末法の世にはその道しかないということでありましたが、そこで疑問が提起されます。

ナモアミダブツと本願の名号を称えても、心が満たされない。どうしてかという問いです。それは阿弥陀仏が「実相身《じっそうしん》」であり、かつ「為物身《いもつしん》」であることを知らないからだといわれます。やっかいなことですが、「実相身」とは仏の悟りの智慧（如）そのものをいい、「為物身」とは私たち（物）を救う為にナモアミダブツの呼び声になって働いている如来ということです。

悟りの智慧は仏みずからが成就したもの（実相身）ですが、それは同時に私たちを救済するための慈悲（為物身）です。悟りの智慧が私たちを慈悲する名号（念仏）となって働いているのですが、そうは考えずに迷える私がいて、そして悟れる仏さまがどこかにおられ、その仏さまと一体になろうと、私のほうから仏（実相身）に近づこうと、念仏を私が励む自力の行にしてしまうのです。

仏と私は、悟れるものと迷えるものという決定的に違う二つのものですが、念仏において一体です。念仏申すところ、如来が私に成就するまことの心が信心ですが、そうは思わずに、信心とは私が起こすところの如来を信ずる行為だと考えてしまうのです。私たちが起こすこの人間的な自力の信心は浅く狭く限りあるために、それゆえによろこびに結びつかないのだといわれます。これが「三不三信」のところです。

三不三信とは

細かいところですが、もう少しお付き合いください。私が起こす仏を信ずる自力の信心というものは、あるようでもあり、ないようでもある淳《あつ》くない心です（不淳）。そのために心が一つに定まらないものであり（不一）、いろんな雑念が交わって続かない（不相続）な心です。この三つの不信（不相応）があるゆえに、よろこびに結びつかないのです。

私が起こす信心が「不淳であり不一であり不相続」な心だと押さえられたのは曇鸞大師でしたが、それを受けて、この「三不信」が私の心を満たさず明るくしないのなら、この三つの自力の信をひるがえすなら、「淳心・一心・相続心」という如来のまことの心「三信」が開かれてくることになると、念を押して強調されたのが道綽禅師ということなのでした。

何か曇鸞大師の「三不信」の考えをひっくり返しただけのような気もしますが、仏の尊い心と一つになろうと、努力し精進する自力聖道の信仰が終わりのない、果てしない修行であるとはっきり押さえられたのです。お釈迦さまの教えがあっても、誰も実践する者がなく、信ずる者もいない末法の世において、道綽禅師は人間が仏さまを信ずるのではなく、仏さまが私たちを信じてくださっているという深い自覚から出発されたのです。

そして、自力の「三不信」を捨て如来の他力の「三信」をいただくならば、仏法が滅する時代であっても、私たちは仏道に導かれるであろう。「像末・法滅同じく悲引す」と。そう述べられた禅師の功績に対し、親鸞さまは「慇懃」丁寧にくりかえし諭されたという表現をされたのです。

甲斐和里子さんの一文から

きょうは、すこし専門用語が続き煩雑になりましたので、ここで如来と私との「三不三信」の関係、また「実相身・為物身」のことを、前にも紹介しました甲斐和里子さんの著作から味わってみようと思います。

甲斐和里子さんは1868年（慶応4年）に、広島県の本願寺派の勧学さんのお寺に生まれ、その生涯は女子教育に捧げた一生でした。そして、仏教の心をもとに今日の京都女子学園を創設されました。昭和37年に95歳で亡くなられるまで、大変長生きをされ、念仏者として、また歌人としても多くの歌を詠まれました。

「みほとけの御名《みな》を称ふるわが声は　わがこゑながら尊かりけり」という歌がありました。念仏を「となえる」という字は、立山の称名滝の「称名」という字のように〝禾篇〟を書きます。〝口篇〟の唱えるは自分の声を張り上げる自力の行為の意味が強くなり、親鸞さまの念仏ではありません。念仏は如来の行、称名は私の口から出た如来さまの呼び声です。ですから、私の口から出ている念仏なのですが、私のつたない心と如来の大いなる心がぴったり一つになるのです。それが念仏です。それゆえに「わがこゑながら尊かりけり」なのです。

また、89歳のときの一文に、「もとより総入れ歯で妙な口でございますが、その妙な口からお念仏がおでましくださいます。ややもすれば人をそしったり、要らぬことを言いちらしたりする私の口から、昼でも夜でも、ドンドン御出ましくださるということは誠に不可思議千万で、勿体のうてたまりません。なんだか御浄土の如来様と御話をしているように感ぜられだして泣けてくるときがございます」（『草かご』）といわれています。

どこかにおられる「実相身」としての阿弥陀仏を信ずるのではありません。そんな心は、自力の「不淳であり不一であり不相続」な、よろこびにつながらない私がするところの「三不信」です。それを捨てて、ナモアミダブツの呼び声となって働いている「為物身」としての如来大悲をいただきながら歩むのです。そこに如来の他力のまことの心「三信」が開かれてきて、如来と対話するという豊かな世界が開かれてくるのです。自力の心を捨て、如来の他力の心に生きること、これが三不三信の押さえです。

（2021・2放送）

第33話　道綽③

下品下生に立って

道綽禅師、最後の結び、「一生造悪値弘誓」（一生悪を造れども、弘誓《ぐぜい》に値《もうあ》ひぬれば）「安養界に至りて妙果を証せしむといへり」というところです。弘誓とは弘い誓い、弥陀の本願のことですが、特に弘い誓いという表現には、どんなものでも見捨てないという如来の強い決意が込められています。どんなものでもとは、どんな悪をつくるものでも、ということです。

造悪とは自分自身の自覚です。一生悪を造るしかないものが、会うはずのない弥陀の本願に出会った感動が、「値う」という字です。仏となって悟りを開くのは安養界（浄土）に至ってからですが、本願に出会った喜びは今にあります。その喜びと共に浄土への道を生きていくのです。

道綽禅師が重視されたお経は「観無量寿経」でした。このお経は表面では心を集中させ極楽浄土の荘厳《しょうごん》を想う「定善《じょうぜん》」という観仏《かんぶつ》による行と、それができないものは仏の心にかなう善き行ないを修めていく「散善《さんぜん》」という自力の行によって、浄土に生まれて往くことが説かれるお経です。

仏の心にかなう行ないができるかどうか、人間にそなわっている素質や能力によって、人を大きく3種類（上品《じょうぼん》・中品・下品）に分け、さらにそれぞれを上生《じょうしょう》・中生・下生の3段階に分けるという、つまり上品上生から下品下生《げぼんげしょう》までの9段階の人々の、その機根に応じて浄土に往生するさまが説かれています。

それは、厳しい修行や様々の善き行ないを実践できるものにとっては向上への励みになる教えかもしれませんが、そうでないものにとっては見捨てられた、何かとても差別的な説かれ方だと思ってしまいます。また、9段階の一つ一つを自らに当てはめてみると、とてもできることではないのです。肉体的にも精神的にも何もできない「臨終の悪人」といわれる最低限の下品下生の姿こそが、現実の私の実相であることが知らされてきます。

つまり「観無量寿経」というお経は、表面的には浄土を想い仏を念ずる観想観仏という難行に挑むことを示し、また仏の心にかなう善をなすことを勧めながら、それらすべてに自力の行が及ばないことを自覚させ、一生造悪の身に立って称名念仏の道に立ち帰ることを教えるお経なのでした。

下々の下国の涼しさよ

「一生造悪」という自覚は決して消極的な暗いものではありません。浄土教を貫く自覚のキーワードは、何をしでかすか分からない煩悩を具足した悪人ということです。私たちは自分で自分を反省するとき、悪いことをしたと思うことはありますが、悪いことばかりしているのではない、たまには良いこともする。「一生造悪」とは言いすぎだと思います。

しかし、そんなことではありません。「一生造悪」とは「値弘誓」本願に出会ったときに初めて気づかされる自分の姿です。本願に照らされてあらわになっている私の姿であり、本願との出会いのない自分の悪の姿などは、観念的なものに過ぎないのです。本願に照らされているわけですから煩悩具足の悪人という自覚は明るいのです。

一茶の句に「下々《げげ》も下々　下々の下国の　涼しさよ」というのがありました。一茶は真宗門徒で、心優しい句には念仏の心を感じさせるものが多くありますが、「下々も下々　下々の下国」とはまさに「観無量寿経」の何の行も善も積みえない下品下生の姿が意識されています。煩悩のままの最低の人間なのですが、それを見通し呼び声となって届いている念仏があるのです。それが「涼しさよ」という肯定の言葉になっています。本願に出会い、そのままでいいと、助かっている明るさを感じることができます。

こむら返りが治る

道綽禅師はこの「観無量寿経」を200回以上講義し、念仏を日々7万遍称えたといわれ、また子供に小豆《あずき》を与え、念仏を豆で数えながら称える「小豆念仏」を勧めたといわれます。それには、称名念仏などという簡単なものは、仏縁を結ばせるだけの方便にすぎないという上から目線に対抗する背景がありました。確かに、口にナモアミダブツと称えるだけで、どうして仏さまの世界に生まれて往くことができるのか。

これについて、道綽は「安楽集」に面白い話をしています。「脚転筋（こむら返り）を患《わずら》はんに、木瓜《ぼけ》の枝を炙《あぶ》りてこれを熨《の》せば、患へるものすなはち愈ゆ。あるいは木瓜なければ、手を炙りてこれを磨《す》りて、口に「木瓜木瓜」と喚べば、患へるものすなわち愈ゆ。わが身にその効《しるし》を得たり。なにをもつてのゆゑに。名の法に即するをもつてのゆゑなり。」原文で引いたのには訳があります。こんなマジナイみたいなことを道綽は言うだろうかと思われるからです。

訳してみます。筋肉のひきつり（こむら返り）に苦しむとき、木瓜《ぼけ》の木の果実を薬として処方すれば治るであろう。（これは確かな漢方の効能があるようです）。しかし、木瓜の実がなくても、あぶった手を擦って口で「木瓜木瓜」と名を呼んだだけで、こむら返りが治る。私もその効き目を経験した。名と法（存在）は一体なのだからというのです。

これは日本で言う、母親が幼い子が転んで泣いたりするとき、「痛いの痛いの飛んで行け！」という言葉と同じなのでしょう。言葉で痛みが飛んでいくわけはないのです。けれど、抱きしめてそう呼びかけることで、実際に痛みや不安が飛んでいくのです。これは言葉の持つ不思議な力です。言葉に親の愛や如来の大悲がこもるのです。それに触れて、私たちは救われていくのです。名と法は一体。ナモアミダブツの名（為物身）とは、如来そのものの法（実相身）だからです。称名の持つ深い意味を示す強烈な喩えだといえるでしょう。

（2021・3放送）

善導獨明仏正意　矜哀定散与逆悪
光明名号顕因縁　開入本願大智海

善導独《ひと》り仏の正意《しょうい》をあきらかにせり。定散《じょうさん》と逆悪とを矜哀《こうあい》して、光明・名号因縁を顕す。本願の大智海に開入《かいにゅう》すれば、

さて、善導大師に来ました。あなただけが「観無量寿経」に説かれたお釈迦さまの真意をくみ取って明らかにされました。仏法を踏みつけにする極悪な人はもちろん、それなりに善行に励む人も、さらには心を静めて浄土を想うことができる立派な人でさえも、ともに凡夫であることを哀《かな》しまれました。

そんな私たちですが、本願の名号を聞き称え、智慧の光に遇うならば、それが因となり縁となり、まことの信心として結実し、本願の大きな智慧の海のなかに帰入することができるとされました。

行者正受金剛心　慶喜一念相応後
与韋提等獲三忍　即證法性之常楽

行者まさしく金剛心を受けしめ、慶喜《きょうき》の一念相応してのち、韋提《いだい》と等しく三忍を獲《え》、すなはち法性《ほっしょう》の常楽を証せしむといへり。

本願の大いなる世界のなかに生きんとする者は、何ものにも壊されない金剛の信心を如来から正しく受けて、この上ないよろこびに満たされてきます。

そのよろこびが仏の心と一つになったとき、その昔、絶望のどん底でお釈迦さまの教えに出会った韋提希夫人《いだいけぶにん》と同じように、よろこびと悟りの智慧と仏の力を得て、永遠のいのちを生きる楽しみを得るのです、と教えてくださいました。

第34話　善導①

王舎城の悲劇

浄土真宗の七高僧の5番目、中国の唐の時代の善導大師（613〜681年）に入りました。ご門徒の方ならよくご承知の、おつとめの「善導独明仏正意」からは、それまでのハ長のレの音からソの高さになります。高くなることは強調されるということです。「善導、独り仏の正意（お釈迦さまのお説きになりたかったこと）を明らかにせり」とは、他の高僧方が気づかなかったことを明らかにされたということです。それは「観無量寿経」の隠れた意味を解読されたのです。

お経には表面的に顕れている教えと、隠れている部分があるとされます。これを「隠顕《おんけん》」といいますが、お釈迦さまが説かれたかった深い意味は、隠れた部分にこそあるのです。それを善導大師のみが明らかにされたのです。それは後からお話しします。

この「観無量寿経」は、お釈迦さまがおられたときのインドのマガダ国の王子・阿闍世《あじゃせ》が、父の頻婆娑羅王《びんばしゃらおう》を牢獄に幽閉するという事件が舞台となっています。母であり妃である韋提希《いだいけ》は、ひそかに食べ物を王のもとに運んだのですが、それが発覚して、韋提希は息子の阿闍世によって同じく牢獄に閉じ込められたのです。実際に起こった王舎城の悲劇と言われるこの事件、深い絶望と悲嘆のなか、韋提希はお釈迦さまに救いを求めます。それに応えて説かれたのが「観無量寿経」でした。

事件の背景

どうしてこんな事件が起こったのか、善導大師は詳しく書いておられます。（『観経疏《かんぎょうしょ》』）少し引用してみます。

「父の王、子息あることなし。」（頻婆娑羅王には後を継ぐ子供がいなかったのです。占い師に聞いてみると）、「山のなかに一の仙人あり。久しからずして寿を捨て、命終《みょうじゅう》しをはりて後かならずまさに王のために子となるべし」と。王聞きて歓喜す。「この人いづれの時にか捨命する」と。…「さらに三年を経てはじめて命終すべし」と。（3年後に山にいる仙人が死んで、王の子供として生まれ変わるであろうと。しかし、王は待てないのです。国のことを思って早く死んでくれないかと頼みます。しかし、仙人は拒否します。）

（そこで）王いはく「われはこれ一国の主なり。あらゆる人物《にんもつ》みなわれに帰属す。いまことさらに礼をもつてあひ屈《くっ》するに、すなはちわが意《こころ》を承けざるや」と。（王は使いの者に向かって、仙人が承服しないなら殺してしまえと命じます。仙人は言います。王は理不尽な思いを以て私を殺そうとしている。ならば、我もまた王の子となるなら）「人をして王を殺さしめん」と。仙人この語をいひをはりてすなはち死を受く。すでに死しをはりて、すなはち王宮に託して生を受く。」

（仙人が死んだその日の夜、妃・韋提希は妊娠し）「王聞きて歓喜す。」（再び占い師を呼んだところ）、「この児は女にあらず。この児、王において損《そん》あるべし」と。（危害を加えるであろう）「王この語を聞きて憂喜交《うき》はり懐《いだ》く。」喜びと憂いが交差し、ついに妃に「高楼《こうろう》の上にありて天井のなかに当りてこれを生み、人をして承け接《と》らしむることなかれ。」（高い建物の天井から産み落とすように勧めます。ところが）「生みをはりて地に堕つるに、命すなはち断えず、ただ手の小指を損ず。」（小指を折っただけで助かったのです。）

阿闍世はその後、むしろ、より一層かわいがられて育てられましたが、成人したある日、小指が折れている秘密を提婆達多《だいばだった》から聞くのです。提婆はお釈迦さまを排除し教団の主となり、阿闍世にも新しい王になるようにと、そそのかしたのです。「観無量寿経」の事件はかくして起こりました。

「観無量寿経」の「隠顕」

牢獄に閉じ込められた韋提希は、お釈迦さまが示された憂いや悩みのない阿弥陀仏の極楽浄土に生まれたいと願います。その方法として、お釈迦さまはまず、浄土のありさまや阿弥陀仏の姿を心に想い浮かべる「観仏《かんぶつ》・観想」の方法を説かれます。精神を集中させる「定善《じょうぜん》」といわれる厳しい瞑想の行です。それは日常生活において、とてもできる行ではありません。

ですから次に、日常の散乱した心でも修めることができる善、「散善《さんぜん》」によって生まれてゆく浄土が説かれます。それぞれの人が成した善行や行動によって、上品上生《じょうぼんじょうしょう》から下品下生《げぼんげしょう》まで9通りの生まれ方があると示されます。これは人の行ないによって、浄土に生まれることに違いがあるということになり、善導大師以外の諸師は、よりよき往生を目指し「観仏・観想」の行にいそしむことが念仏の本意であるとしました。

念仏とは仏を念ずると書くように、瞑想による観仏の修行こそが「観無量寿経」の表面に顕れている教えです。これに対して善導大師は、観仏という特定の人にしかできない修行を求めることは、お釈迦さまの本意ではない。それどころか、まったく善を積むことさえできない下品下生の人間こそが私であるという立場に立たれたのです。

そして、悪行しかなしえない人間でも、ナモアミダブツと口に念仏を称えるだけで、それでも仏になれるという「観無量寿経」の最後の最後に示された下品下生の「称名の念仏」こそが、すべての人が仏になれる往生の道であり、この称名念仏こそが、お釈迦さまがお説きになられた隠されている意味なのだと押さえられたのです。

絶望と悲嘆のなかにいる韋提希に、ましてや妃という立場にある者に、いきなり口に念仏を称えるだけでいいと言っても理解されることではないでしょう。まず、難行である観仏の行を示し(顕)、それが不可能なことだと知らしめて、称名による仏の世界に触れさせる巧みな意図（隠）を、お釈迦さまの説法の順序の中に見出したのが善導大師だったのです。それが「善導独明仏正意」ということでした。

（2021・4放送）

第35話　善導②

三文字・六字にこもるもの

浄土や阿弥陀仏を観想する、文字通り仏を念ずる観仏の補助的な代用品でしかなかった念仏から、阿弥陀仏の名を称える称名念仏こそが、下品下生のどんな人間も救われていく道であると「観無量寿経」の隠れた意味を読み取ったのが善導大師でした。しかし、ナモアミダブツと口で称えるだけで仏さまになれるとは、なかなか理解できないことだと思います。

善導大師も観想の念仏と称名の念仏との間に、今ひとつ揺れ動くものをもっておられたようです。その頃、玄中寺というお寺に、31話でお話した道綽禅師がおられ、称名による念仏の教えを広めておられました。この道綽禅師との出会いによって、本願の根本は称名念仏であると確信されました。

ナモアミダブツとは阿弥陀仏の行《ぎょう》（はたらき）でした。言（ことば）となって、呼び声となって私を呼んでいます。ナモアミダブツの念仏を称えるところに、私たちは阿弥陀仏と出会うのです。阿弥陀仏といっても、極楽に座っておられる仏さまではありません。立ち上がり、私に呼び掛けている声であり、ことばであり、力（パワー）です。

これは今から40年も前のことですが、電話も郵便も届かない南極越冬隊で働く隊員に、日本にいる妻から電報が打たれました。「日本一短い手紙」というキャンペーンで話題になった話です。その電報に何と書いてあったか。それはたった一言。…「アナタ！」でした。遠く離れているところで厳しい仕事をしている夫への万感の思いが、たった三文字の中に込められています。「あなた、(元気ですか。私も元気です。仕事はどうですか、私も頑張っています)」などなど、「あなた」の三文字には夫を「思う力」がこもっています。

蓮如上人はナモアミダブツの「六字の名号のうちには無上甚深《じんじん》の功徳利益《くどくりやく》広大なること、さらにそのきはまりなきものなり」(「御文章」)と言われました。呼び声になった言葉には、呼ぶものの限りない思いが込められています。呼び声を反復するとき、私を呼ぶものと一つになります。それは喜びであり励ましであり救いでもあるでしょう。念仏も同じです。

五逆十悪の自覚

自分の努力によって心を静めて浄土を見つめる観仏による定善の行も、散乱した心でありながらも善を修めることによって浄土を求める散善の行も、自分の心や自力の行を延長して、浄土に行って阿弥陀仏と対面しようとするものです。

しかし、すでに私のもとに来ておられるその呼びかけに、呼応し応答し念仏すればどんな人間でも、五逆十悪をなした悪人でも救われると説かれます。声には私を目覚めさせる力があります。何に目覚めるのでしょうか。五逆十悪の私であったということにです。

「五逆」とは、①「ことさらに思うて」父を殺すこと、②「ことさらに思うて」母を殺すこと、阿闍世は父を殺し、母は殺しませんでしたが、「ことさらに思うて」殺そうとしました。③阿羅漢（聖者）を殺すこと、④仏の体を傷つけること、⑤僧伽（教団）を分裂させること。この三つは、お釈迦さまに反逆した提婆達多がしたことです。私たちは実際に父母を殺すことなどありませんが、「ことさらに思うて」父母がいないほうが楽だなどと思ったことは、誰にでもあるのではないでしょうか。

また「十悪」とは、殺生・偸盗《ちゅうとう》（盗みのこと）・邪淫《じゃいん》・妄語《もうご》・綺語《きご》（おべんちゃら）・悪口《あっく》・両舌《りょうぜつ》（二枚舌）・貪欲《とんよく》・瞋恚《しんに》（怒り）・邪見です。犯罪というより人として嫌悪すべき行為です。意味を広くとれば、この十悪を犯さずに生きることはとても難しいことです。それなのに、私たちは自分が五逆十悪の悪人であるとは全く思ってもいません。

そんな私にナモアミダブツの如来のまことの心が届くとき、下品下生・五逆十悪の悪人であったことに気づかされるのです。「汝自身を知れ」といったのはソクラテスでしたが、ものを踏みつけにしていた、今まで見えなかった恥ずべき自分の姿が見えてくることは情けないことではありません。むしろ、私に思いもしなかった「悪」の姿が自覚されるということは、気づかない自らの姿への深い認識であり自覚であり、明るい智慧の体験といわねばなりません。

称名念仏によって気づかされるこの回心《えしん》の体験が、仏さまへと生まれていく浄土への道となるのです。これが「善導独明仏正意」の次、「矜哀定散与逆悪」（定散と逆悪とを矜哀《こうあい》して）の言葉に続きます。

善人をこそ矜哀する

「矜哀」は難しい字ですが、「矜」も「哀」もどちらも「あわれむ」という意味です。「定散」は定善と散善、「逆悪」は五逆と十悪のこと。善いこと「定散」と悪いこと「逆悪」が「与」という字で結ばれています。「与」は、「何々と何々と」という結びを表す字です。つまり、五逆十悪の悪人はもちろんですが、定善と散善、自力の行を修める能力のある善人に対しても、如来は同じように矜哀する、あわれみ痛まれるといわれています。

これは味わい深いことかもしれません。悪人は自分のしてきた愚かさに目が覚めるということもあるでしょう。しかし、自力の行に励み善行を積んできたものにとって、その自負心を捨てることはなかなか困難なことだと思います。そもそも自分が下品下生の悪人だとは、誰も思っていないのです。念仏を称えるよりも定善散善の行こそが優れた立派な仏道だと考えてしまうことには、自力を過信する自己への陶酔があります。定散の善行ぐらいならできるだろうという自分への思い上がりをこそ目覚めさせたいというのが、如来の矜哀の真意だとすれば、ただただ頭の下がることではないでしょうか。

（2021・5放送）

第36話　善導③

両重因縁

「善導独明仏正意　矜哀定散与逆悪」のところでした。おさらいを兼ねて訳してみましょう。「善導大師よ、あなたはただ一人「観無量寿経」の真の意味を明らかにしてくださいました。父母をないがしろにしたり、いろいろな悪い行ないをしてきたものはもちろんですが、心を静めて浄土を見つめることができる人も、またそれなりの善き行ないを積みながら浄土を求める人に対しても、その自力の自負心を捨てて称名念仏することを勧められました。」

きょうはその次、そのナモアミダブツについて「光明名号顕因縁　開入本願大智海　行者正受金剛心」（光明・名号因縁を顕す。本願の大智海に開入《かいにゅう》すれば、行者まさしく金剛心《こんごうしん》を受けしめ）と続きます。

阿弥陀如来は光明・名号となって私たちに働きかけています。ナモアミダブツと呼びかける父なる名号が因（原因）となって、また差別なく包み込む母なる光明が縁（条件）となって、私に如来の心（信心）が成就します。名号の父の因と光明の母の縁によって、子なる私に信心が誕生します。

この例えは分かりやすいですが、親鸞さまはさらに、この名号と光明によって私に発起した信心こそが、仏になる最も直接的な内なる因（内因）であるとされ、仏の光明と名号は外なる縁（外縁）

とされるのです。

面倒な説明になりますが、これを浄土真宗の宗学では「両重因縁《りょうじゅういんねん》」といいます。名号の因と光明の縁が阿弥陀如来による外の縁（外縁）と位置付けられるということは、内なる私の信心の自覚が強調されているということです。如来の働きは他力ですが、信心は私の内に開かれてくるものです。その信心が仏になる正因ということです。

そして「開入本願大智海」弥陀の本願、如来大悲の海のように広大に働いている世界に開入すれば、「行者正受金剛心」と続きます。如来によって恵まれた信心が金剛の信心であると述べられます。

信心の行者

親鸞さまの浄土真宗において、「行者」とは耳慣れない言葉かもしれません。滝に打たれたり座禅を組んだり題目を懸命に唱えたり、そのイメージが行者ですが、ここでいわれる行者はそんな自力の行者ではなく、如来大悲の行を受け止め、その大悲の促しに生きるものという意味です。ナモアミダブツの呼び声を理解し敬うものを信者というなら、それに終わらず如来の心に応えようとして生きるものが信心の行者です。

如来のまことの心をどうすれば得ることができるか。仏を念ずる観仏や善を積むことによって身に得るのではなく、すでに私のもとにやって来ているナモアミダブツの声によって得るのです。信心はスルものではなく、正しく受け止めるものであるということ。これが「正受金剛心」の「正受」です。信心は如来のまことの心ですから、金剛心、ダイヤモンドの心だといわれます。

吉崎、嫁おどしの話

金剛心という言葉で連想されるのは、「蓮如上人と嫁おどし」の話です。時は、京都東山・大谷本願寺が比叡山僧徒によって打ち壊され、新天地の福井に吉崎御坊が建てられた頃（１４７１年）のこと。仲むつまじく御坊に参詣する与惣治《よそじ》（与三次）と清女（おきよ）という夫婦がいました。それを心よく思わぬのは姑・おさよ、嫁の吉崎参りを止めさせようと鬼の面をかぶり、夜道で待ち伏せます。白装束に髪をふり乱し、「我はこれ、白山大権現なり」と嫁に襲いかかったとき、「食《は》まば食め、喰《く》らわば喰らえ金剛の、他力の信は、よもや食むまじ」と嫁は応じます。

嫁おどしに失敗した姑の面は、はずそうとしても顔に付いたまま離れません。蓮如上人を訪ね、念仏の教えにうなずいていくうちに、面は邪悪な顔の肉もろともに剥がれ落ちたという話です。ここには、古い白山信仰を切り崩し、新しい念仏の教えに帰せしめた蓮如上人の並々ならぬ力が語られています。

白山大権現の鬼は嫁を食い殺そうとしたのです。しかし、嫁はこの体は食われてもいい、私は浄土に生まれ如来大悲と一体になって生きるのだという確信があります。これが金剛心、ダイヤモンドのような信心です。

そして、「慶喜一念相応後　与韋提等獲三忍　即証法性之常楽」（慶喜《きょうき》の一念相応して後、韋提と等しく三忍《さんにん》を獲《え》、すなわち法性の常楽を証せしむ）と続きます。如来のまことの金剛の心に目覚めさせてもらった一念の喜びの心が、阿弥陀仏の本願のお心と一つになって相応するならば、その時に、その昔お釈迦さまの教えを聞いた韋提希と同じように、「三忍」喜びと悟りの智慧と仏の力を獲て、永遠の命に生きる楽しみを得るものになると結ばれます。

「慶喜の一念相応して後」の「のち」の「後」という字は、時間の前後ではなく「同時後」（論理的な前後）を意味し、「すぐに」「即ち」ということです。古語の「やがて」は現代語の「しばらくして」という時間的な後のことを意味するのではなく、「すぐに」という意味です。蓮如上人も「南無と帰命すれば、やがて阿弥陀仏のわれらをたすけたまへるこころなり」（『御文章』）といわれますが、南無と手が合わさり帰命する一念のところ、そこに同時に阿弥陀仏がおられるという意味になります。

信はいつも一念です。何月何日に信心を得たなどというのは、あてにならない、人の記憶にすぎません。永遠の法性の常楽、悟りの喜びに生きるのは未来ですが、信の一念の今のなかに未来のよろこびが包まれているということです。これで善導大師を終わります。

（2021・6放送）

源信広開一代教　偏帰安養勧一切
専雑執心判浅深　報化二土正辨立

源信広く一代の教を開きて、ひとへに安養《あんにょう》に帰して一切を勧む。
専雑《せんぞう》の執心《しゅうしん》、浅深《せんじん》を判じて、報化《ほうけ》二土まさしく弁立《べんりゅう》せり。

次の日本の源信僧都（和尚《かしょう》）は広くお釈迦さま一代の教えを開いて、ひとえにいのち安らぐ浄土を願えと、すべての人にすすめられました。

そして、念仏を専《もっぱ》ら称えて本願に生きる心は、如来に通じる心であるがゆえに深く、まことの浄土（報土《ほうど》）に生まれることになる。しかし、あれこれと自力を雑《まじ》えることになれば、その心は人間の心ゆえに浅く、疑いに覆われた片隅の浄土（仮土《けど》）に生まれることになると、純粋な本願念仏の心に立ち返る必要を説かれました。

極重悪人唯称仏　我亦在彼摂取中
煩悩障眼雖不見　大悲無倦常照我

極重の悪人はただ仏を称すべし。われまたかの摂取《せっしゅ》のなかにあれども、煩悩、眼《まなこ》を障《さ》へて見たてまつらずといへども、大悲、倦《ものう》きことなくしてつねにわれを照らしたまふといへり。

また、極めて罪の重い悪人は、ただ阿弥陀仏の名を称えるほかに救われる道はありません。私もまた、阿弥陀仏の光の中に摂《おさ》め取られているのですが、煩悩が私の眼をさえぎって、恵みの光を見ることができません。

しかしながら、見ることができないけれども、弥陀の大悲は私の煩悩をとらえて、常に我が身を照らしてくださっています、と信心のよろこびを述べられました。

第37話　源信①

名利《みょうり》を捨てて

お釈迦さまの亡き後、念仏の教えを伝えてこられた7人の高僧方、いよいよ日本のお二人に入ります。まず、日本の浄土教の祖といわれる源信僧都（和尚《かしょう》）です。「源信広開一代教〜」（源信広く一代の教を開きて、ひとへに安養《あんにょう》に帰して一切を勧む）お釈迦さま一代の教えのなかから、ひとえに浄土に帰依することを人々に勧められたというところです。

源信僧都については、まずこんなエピソードからお話しましょう。源信は7歳の時に父に別れ、9歳で比叡山にのぼり研鑽に励みます。その才能は並はずれ、若くして天皇の命を受けて宮中でご進講をします。そして、その褒美として布帛《ふはく》、高価な絹などの織物を賜ったのです。そのことを喜んでくれるだろうと母に贈ったところ、母は「後《のち》の世を導く僧とたのみしに、世渡る僧となるぞ悲しき」という歌を添えて品物を返したといいます。

名利に陥ることを深くいましめられてからは、比叡山の横川《よかわ》という所にこもって、ひたすら仏道に励みます。そして、44歳のときに主著「往生要集」を表わします。その中にこんな喩えが出てきます。

「大象窓《だいぞう》を出づるに、つひに一の尾《お》のために礙《さ》へらる。行人家《ぎょうにん》を出でたれども、つひに名利のために縛《ばく》せらる。すなはち知りぬ、出離の最後の怨《あだ》は、名利より大なるものはなし。」

つまり、大きな象が窓から出ることができたのに、小さなしっぽが引っかかって象は窓から出ることができなかったというのです。怒りや妬みや貪りなど、むき出しの煩悩は人の眼にもよく見えるものです。しかし、名利という自分を誇るという小さな煩悩は、見えないけれど根が深く最後まで残るのです。これが仏道を妨げる最も大きい煩悩だといわれます。母の戒めは深い感化となって、源信の一生を貫きました。

「往生要集」臨終行儀《ぎょうぎ》

この「往生要集」は地獄極楽のリアルな描写を初め、日本人の他界観に決定的な影響を与えました。同世代を生きた藤原道長、「この世をば　わが世とぞ思ふ　望月の虧《かけ》たることも　なしと思へば」と、この世は満月のように足りないものは何もないと言い切った彼の最後は、自ら建てた法成《ほうじょう》寺《じ》の阿弥陀堂に入り、九体の阿弥陀仏の手と自分の手とを糸で繋ぎ、僧侶の読経のなか、念仏を称えながら往生したといわれています。

源信の生きた平安時代は、仏教は力ある貴族のためのものであり、彼らのためのこの世の栄華の延長、後世の安穏を祈るもので、悩み苦しむ民衆の生き抜く力となる教えとは無関係でした。「往生要集」に「臨終の一念は百年の業に勝れり。もしこの刹那を過ぎなば、生処《しょうじょ》一定しぬべし。いままさしくこれその時なり。まさに一心に仏を念じて…往生すべし」といわれたように、死に際にその人の次の生が定まるという考えに立って、仏教の中心は死後にあり、死に臨むときの臨終行儀が重視されていました。

臨終行儀は金箔の阿弥陀仏の像を安置した無常院のなかで、阿弥陀仏につながれた糸を握り、仏の背中をみながら、一緒に極楽へ往生しようと願います。そのとき、どんな世界が死にゆく人に現れるのか、安らかな浄土の相が現れるのか、地獄のような苦しみの罪の相が現れるのか。臨終に際し正念で終われるように、普段から仏の世界を思い描く観仏の念仏が重視され、口で称える称名念仏はそれを実現させる補助的な手段でありました。

臨終行儀の過程は、かつて精神科医のキューブラー・ロスの臨死体験の研究と重なり、新しい意味が見いだされたり、また無常院での香を焚き排泄を処理したりする行ないは、今日のターミナルケアの先駆的試みであったと前向きに見直されたりしています。

臨終の念仏から平生の念仏へ

しかし、鎌倉時代の高僧が叡山で学びながら、こぞって山を下りたにもかかわらず、平安時代の源信はずっと比叡の山の中に留まりました。叡山は仏教の総合大学と言われたように仏道修行に関しては何でもありでした。「往生要集」の根本は、臨終における来迎の期待と天台の伝統的な観仏の念仏であり、称名念仏はそれを補う位置にありました。

その称名念仏を観仏の補助手段ではなく独立した選択本願（阿弥陀如来の方から選び勧められたもの）として、観仏の行を切り捨てたのが、後に出られた法然上人でした。この考えは天台叡山の伝統仏教の懐の深さを否定することにつながり、そしてまたこの法然上人の教えのもとにたくさんの人が集まってきたことが原因となって、親鸞さまを含めての法然教団への弾圧流罪ということにつながっていくのです。

さらにまた、念仏し阿弥陀仏の来迎を期待するのではなく、臨終（死ぬときの）念仏から平生（生きているときの）念仏に転換したのが私たちの親鸞聖人でした。摂取して捨てない阿弥陀仏の大悲にいつも包まれているものにとって、臨終行儀は必要ありませんでした。「臨終まつことなし、来迎たのむことなし。信心の定まるとき往生また定まるなり。来迎の儀則《ぎそく》（儀式）をまたず」（「御消息」）と押さえられることになるのです。

浄土は、この世の延長である死後の「あの世」ではなく、煩悩の迷いを超えた永遠なる「彼岸」の世界であり、生きている私たちに、如来が直接はたらいてくる世界です。すると、法然上人とも親鸞聖人とも違う源信僧都がなぜ七高僧に加えられたのでしょうか。次回に続けます。


（２０２１・７放送）

第38話　源信②

予がごとき頑魯《がんろ》のもの

「源信広く一代の教を開きて〜」というところでした。法然上人とも親鸞聖人とも違う源信僧都の教えなのに、なぜ七高僧のなかに加えられたのかということでした。それは源信の立ち位置です。

「往生要集」の巻頭に「顕密《けんみつ》の教法、その文《もん》、一にあらず。事理の業因、その行これ多し。利智精進の人は、いまだ難《かた》しとなさず。予がごとき頑魯のもの、あにあへてせんや。このゆゑに、念仏の一門によりて、いささか経論の要文を集む。」すなわち、聖道門のような難行は多種多様で、私のような頑魯（愚かでかたくな）なものにはとてもできるものではない。私には念仏の道しかないといわれたことです。

「源信広開一代教」とは、「予がごとき頑魯のもの」にとって、お釈迦さまが一代に渡って説かれたのは念仏の教えであった。「偏帰安養勧一切」だから、ひとえに浄土に帰依することを源信は人々に勧めたのである。観想の念仏であろうと称名の念仏であろうと、法然・親鸞によって確立されていく念仏の土壌が、源信によってつくられたのである。まさに日本浄土教の祖という位置づけだからでした。

専雑《せんぞう》の執心《しゅうしん》

さて次です。「専雑の執心、浅深を判じて、報化二土まさしく弁立せり。」難しい言葉が続きますが、「専雑の執心」の執心とは「執持心《しゅうじしん》」ということで、とり入れて、たもつ心という意味です。「専《せん》の執心」は深く、「雑《ぞう》の執心」が浅いことを判別されたということですが、「専」とは専修念仏の専で、もっぱら阿弥陀仏の名を称える念仏のこと、一方の「雑の執心」とは念仏のほかにも様々の行を雑ぜ合わせることをいいます。

如来大悲の結晶である念仏を計らいを交えず、ただ専ら称えればいいのですが、そこに自分の思いや人間的な価値（雑念）を付け加えるのです。たくさん唱えた方が良い結果が得られるとか、悪いことをしては帳消しになってしまうとか、念仏で立派に生きる必要があるとか、如来大悲に人間の自力の心をプラスするのです。如来の心に自分の良き心をプラスすれば、より一層良い心になるように思ってしまうのは、如来大悲に満足せず、如来の心を疑っているということになります。これが「雑の執心」です。

それに対し、ただ専らに念仏するとしたら、その心は仏の心ゆえに深く、雑念の思いの混じる心は人間の心であるゆえに浅いのです。そして、この「専」「雑」の執心の違いによって生まれていく浄土が違うといわれます。それが次の「報化二土《ほうけにど》まさしく弁立《べんりゅう》せり」というところです。

だんだん難しくなってきましたが、「報化二土」とは二つの浄土ということで、浄土には報土と化土があるとお経の中に書いてあるのです。（「菩薩処胎経《しょたいきょう》」）そんなこと初めて聞いたと思われるでしょう。私もお浄土に往ったことがないのですが、理解していることをできるだけ分かりやすくお話してみようと思います。

二つの浄土（報土・仮土）の構造

まず、浄土が二つ別々にあるのではなく二重になっているといえばいいと思います。阿弥陀仏の浄土は、私たちが思い描くことができない仏さまの浄土、「真実報土」です。その一方、念仏を称えながらも私たちが自分なりに思い描いている人間的な浄土を「方便化土」といいます。

「方便」は嘘という意味ではなく、原語はウパーヤ、coming near 近づいて来るという意味で、自分が思い描く浄土のイメージから離れられないでいる「雑の執心」の私を、それでは如来の「真実」に近づけないぞと、如来の方から真実報土に導くために指し示している仮の浄土なのです。

宗学の用語で「報中垂化《ほうちゅうすいけ》」といいますが、真実報土が方便化土を垂《た》らす、内に包んで私たちに用意しているのです。純粋な「専の執心」によってしか往生できない「報土」であることを教えるために、自力の心をひるがえすように私たちに思い知らせる「化土」が示されたのです。

つまり、「報化二土」は二つの浄土の違いの解説ではなく、浄土を信じている私の心を問題にしておられるのです。如来の心よりも、自分の思いで描いている浄土の方を頼りにしていることが問題なのです。純粋に本願他力を信ずることに導くために、自分の都合に合わせて思い描く愚かさを、源信僧都は「化土」を示すことによって誡めておられるということです。

仏の広大な浄土を人間的に思い描く「方便化土」が、どんなイメージの浄土になるのか。「方便化土」は「辺地《へんじ》・懈慢《けまん》、疑城《ぎじょう》・胎宮《たいぐう》」などという言葉で表現されます。まず「辺地」という言葉からは、自分だけの偏った思いでとらえた狭い世界であること、「懈慢」からは自分の描いた世界に自己満足して怠けている姿、また「疑城」からは浄土の往生は自分の手柄だと如来の働きを疑っている姿、「胎宮」からはあたかも母胎のなかで目覚めのないぬくぬくとした結構な世界だという、そんな浄土観が思われてきます。

このような「方便化土」は、まさに人間の都合によって思い描かれた快適な浄土になるのでしょうが、しかしそれは「七宝の獄《ごく》にぞいましむる」「金鎖《こんさ》をもちてつなぎつつ　牢獄にいるがごとくなり」（「正像末和讃」）といわれる世界です。つまり七宝に飾られた牢獄に閉じ込められているようなことであり、自由のきかない金の鎖に繋がれている世界であると表現されました。

一言で言えば、財宝に囲まれながら、よろこびがないのです。七宝や金に喩えられる如来大悲の中にありながら、人間的な自力の計らい（雑の執心）の方を優先し、それに縛られ浄土の片隅に隔離されているのです。「偏《ひとえ》に安養に帰す」とは、そんな小さなとらわれから解放されるということです。

（2021・8放送）

第39話　源信③

大悲を忘れる

源信僧都は「報土・化土」という浄土の仕組みを、私たちの信心の在りようにおいて明らかにして、自分の思いや自力の計らいのない、如来のまことの信に立つことを勧められたと、親鸞さまは押さえられました。きょうはその次、「極重悪人唯称仏　我亦在彼摂取中　煩悩障眼雖不見　大悲無倦常照我」です。これは「正信偈」の文のなかでも、ひときわ輝く美しい文章ではないでしょうか。

「報化二土」の浄土を示し、他力の信心を勧められたことに親鸞さまは深い感動を持たれたのでしょう。「正信偈」のこの文章、「われまたかの摂取のなかにあれども、煩悩、眼《まなこ》を障《さ》へて見たてまつらずといへども、大悲、倦《もの》きことなくしてつねにわれを照らしたまふといへり」は、ほぼそのまま「往生要集」からの引用です。

まず「極重の悪人」の悪人とは、法律や道徳に背くような行ないをするものという意味でなく、文の流れからいうと前回にお話した「専雑《せんぞう》の執心《しゅうしん》」の「雑の執心」、すなわち自力の思いにとらわれて何でもできると思い、化土の浄土に閉ざされているような「自力作善《さぜん》の人」を指しています。自力の善行に励んでいるという誇りから覚めるということはなかなかできないことです。「人はあがりあがりておちばをしらぬなり。ただつつしみて不断そらおそろしきことと、毎事につけて心をもつべきのよし」（「蓮如上人御一代記聞書」）との言葉もありますが、人は自分に思い上がりあがって如来大悲を忘れるのです。これがそら恐ろしき悪人といわれているのでしょう。そのような悪人にこそ、称名念仏が残されているのです。

「あれども」「いえども」の二重否定

「極重悪人唯称仏」と称名念仏が勧められていることに続き、煩悩に眼がさえられて仏の世界を見ることができないと、見仏（観仏）の限界が示されています。「しかしながら、それゆえに」（この表現が大切です）如来大悲は常に私を照らし護ってくださっている。常にとはいつでもということ。もはや臨終来迎を期待する必要はありません。常に大悲のなかにあって称える念仏です。

ここから天台の伝統的観仏や臨終行儀にとらわれない、「平生《へいぜい》」の「称名」念仏が源信によって説かれてあることを親鸞さまが読み取られたのです。そして、ここで源信自ら「我」と名のって自己の体験として語っていることも重要です。

さらに、「摂取のなかにあれども、煩悩、眼を障へて見たてまつらずといへども」と、「あれども」「いえども」と二重否定になっている文章に注意しなければなりません。念仏の信心は矛盾するものの二重否定です。

私（源信）は如来大悲の摂取の真っただなかにいるのです。けれど、煩悩があるために如来を見ることができないのです。見ることができないけれども、如来はいつも私を照らしてくださっているという文章です。これは、煩悩があるゆえに救われていない、けれども、そんな私のために如来は働いてくださっているのだという、救われてあることの何よりの確信の表現です。

これとよく似た表現が、「正信偈」の前半（依経段《えきょうだん》）18話にありました。「摂取の心光、つねに照護したまふ。すでによく無明の闇を破すといへども、貪愛《とんない》・瞋憎《しんぞう》の雲霧、つねに真実信心の天に覆《おお》へり」という文でした。これは如来大悲によって根本煩悩が破れ、救いにあずかったのだけれども、貪りと怒りの煩悩が縁に触れて起こってくるということです。

煩悩と如来は一体

二つの表現は何か正反対のような気がしますが、同じことの表現です。源信は煩悩ゆえに助かっていないけれど、大悲のただ中にいて助かっているということ。親鸞さまはすでに大悲によって助かっているのだけれども、煩悩に左右されているという表現です。如来大悲によって迷いから解き放たれているのだけれども、しつこく煩悩が残っているということです。

しかし、この煩悩が大切なのです。煩悩など無くすことはできないのです。煩悩が無くなれば人間でなくなってしまうといえるでしょう。煩悩は欲望や怒りばかりのマイナスのものではなく、良い意味で生きるエネルギーにもなるものでしょう。

肝心なことは煩悩の根（無明）が断ち切られている、根が切れているということがすべてです。煩悩が起こっても、また起こってきたと気づけばいいのです。気づきがすべてです。煩悩具足の凡夫であるという頷きのもとに、常に帰って行けるところがあるのが念仏者の生活です。

親鸞さまはこうもおっしゃいました。「浄土の真実信心の人は、この身こそあさましき不浄造悪の身なれども、心はすでに如来とひとしければ、如来とひとしと申すこともあるべし」と。（「御消息集」）

肉体を抱えている限り、縁に触れて何をするか分からないあさましいものを私たちは抱えているのです。しかし、心は如来を仰ぎ大悲を喜ぶものになりました。如来大悲を尊く仰ぐ者の心は、やはり如来の心のように大きく美しいものでしょう。しかし、如来の心と同じなのではありません。「如来とひとし」という表現は如来の心とほとんど違いはないのですが、しかしそれは決定的に違うのです。煩悩があるからです。

しかし、決定的に違う私たちの煩悩が、仏に近づいていく歩みとなるのです。煩悩あるゆえに人間があり、煩悩あるゆえに如来は大悲し、煩悩と如来は一体なのです。その美しい表現が「煩悩障眼雖不見　大悲無倦常照我」という言葉でした。何とも素敵な表現だと、私はいつも思います。

（２０２１・９放送）

本師源空明仏教　憐愍善悪凡夫人
真宗教證興片州　選択本願弘悪世

本師源空は、仏教にあきらかにして、善悪の凡夫人を憐愍《れんみん》せしむ。
真宗の教証《きょうしょう》、片州《へんしゅう》に興《おこ》す。選択本願《せんじゃくほんがん》悪世に弘む。

最後に私のよき師である源空（法然）上人は、ナモアミダブツの念仏は阿弥陀仏自らによって選ばれたものであること。それゆえに、すべての人々を救うものであることを明らかにされました。

また、善きことをなす人も、悪きことを繰り返す人も、ともに煩悩を抱えた凡夫であることを深く愍《あわれ》んで、浄土を真の宗《むね》とする教えを、世界の片端である日本において確立されました。如来によって選び抜かれた本願の念仏は、究極の仏教のかたちゆえに、その教えはこの悪世にどんどん広まっていきました。

還来生死輪転家　決以疑情為所止
速入寂静無為楽　必以信心為能入

生死輪転《しょうじりんでん》の家に還来《かえ》ることは、決するに疑情《ぎじょう》をもつて所止とす。すみやかに寂静《じゃくじょう》無為の楽《みやこ》に入ることは、かならず信心をもつて能入とすといへり。

しかし、仏への道を歩みながらも迷いの流転を繰り返してしまうのは、私を仏にせんとする阿弥陀如来の本願を疑って、自分の計らいに留まっているからなのです。疑いの心を捨て、流転輪廻に終止符を打つ一生にしなければなりません。

そして、速やかに迷いの境遇を出て、寂《しず》かなさとりの世界に入るには、ただただ本願に出遇った真実信心によってなのである、と結論づけられました。

第40話　源空（法然）①

怨みを離れる

いよいよ七高僧の最後、親鸞さまの師匠にあたる法然上人です。「本師源空明仏教」というところです。法然という名は房号《ぼうごう》で、〝源空〟が正式の名前、諱《いみな》・諡《おくりな》です。その当時、名を呼ぶとき実名がはばかられることもあって、房号で、住居にちなんだ名で呼んだり、立場や人格などをもとにその人の名を呼んだりしました。法然上人の場合はいつしか房号の方が一般的になりました。

法然上人の父は漆間時国《うるまときくに》といい、岡山県美作《みまさか》の押領使《おうりょうし》という、諸国の治安維持にあたる役人でした。しかし、対立関係にあった明石源内定明《あかしげんないさだあき》の夜討ちによって命を落とすことになります。

法然9歳の時で、父は臨終に際して「もし、遺恨を結ばば、その仇《あだ》世々に尽き難かるべし。」（『四十八巻伝』）すなわち「敵を恨《うら》んではいけない。恨みは恨みを呼び、何世代にわたっても尽きることがない」と、出家して仏門に入るように諭しました。

この遺言はお釈迦さまの有名な言葉と重なります。『法句経《ほっくきょう》』（ダンマパダ）に「怨《うら》みに報いるに怨みを以ってしたならば、ついに怨みの息《や》むことがない。怨みをすててこそ息む。これは永遠の真理である。」

このお釈迦さまの言葉は、昭和26年サンフランシスコで開かれた第二次大戦後の講話会議の席で、スリランカの代表、のちに大統領となるジャヤワルデネがこれを引用して、スリランカは日本軍によって大きな被害を被ったが、賠償請求を放棄すると宣言しました。寛容と愛情を説いたジャヤワルデネの演説に日本は勇気づけられ、そのことに感謝の意を表す顕彰の碑が鎌倉の大仏殿に建っています。

怨みは死んでもウラメシアと残る、人間の最も根深い感情かもしれません。怨みを離れることによってしか、救いはないというお釈迦さまの悟りの言葉は、やがて法然という偉大な人を生むことになり、そしてまた日本の独立への励ましともなった言葉でした。

剃刀《かみそり》を飲む

もう一つ、法然上人にはこんな言い伝えが残っています。お釈迦さまの母マーヤは、象がお腹の中に入る夢を見て懐妊しましたが、法然上人の母は、剃刀を飲む夢を見て懐妊したといわれます。不気味な夢のようですが、そうではなく、剃刀は得度のときの剃髪《ていはつ》の道具です。つまり、立派な僧となって多くの人を得度させる戒師《かいし》となるであろうということでした。

やがて15歳で比叡山に上り、法然の学識には、みな舌を巻くばかりであったといいます。しかし、解脱の道を見出すことができず、比叡山黒谷にある一切経の収蔵庫に籠もり、「なげきなげき経蔵にいり、かなしみかなしみ聖教にむかひ」(『和語灯録《わごとうろく》』)すべてのお経を見ること5回、さらに善導大師の著作を読むこと3回、そしてついに善導の一文「一心専念弥陀名号　行住坐臥不問時節久近　念々不捨者是名正定之業　順彼仏願故《じゅんぴぶつがんこ》」に出会い、迷いの根源が打ち砕かれることになりました。43歳のときでした。

善導の一文は、「人が称えるナモアミダブツの称名念仏は、阿弥陀如来の本願の行である。故にこれを修する者は、阿弥陀仏の願いにかなって必ず仏さまになることができる。」つまり、ナモアミダブツの念仏は阿弥陀仏が私たちを救うために自ら選択し用意した阿弥陀仏自身の本願に基づくものである。だから、称えれば仏になれるという明快な教えでした。

念仏は私から仏に向かう行為ではなく、仏から私に差し向けられていたもの、念仏は阿弥陀仏の本願の中にすでに選択されてあった行であったということ。これを選択本願念仏《せんじゃくほんがんねんぶつ》といいます。善導の「順彼仏願故」念仏は（かの仏願に順ずるがゆゑに）の一言は、仏教の革命のようなことでした。仏道を歩むには、例えば戒・定・慧の三学（悪をやめる戒・心の平静を得る定・真実を悟る慧）などの宗教的実践が要求されるものでした。しかし、そのような自力の行によらない、阿弥陀仏が選んだ称名念仏だけでいいという前代未聞の仏教が法然によって主張されたのです。

仏教「を」でなく「に」とは

さて、「本師源空明仏教」というところでした。これを親鸞さまは「本師源空は仏教に明らかにして」と読んでおられます。仏教「を」明らかにしたのではなく、仏教「に」明らかにしたと書いておられます。仏教「を」の場合は、お釈迦さまの様々な教えの中から念仏の教え「を」明らかにされたということでしょうが、仏教「に」明らかにしたという「に」という表現は、いわゆる目的格4格に当たり、隠れている目的格3格は何かといえば、そのあとに出てくる「選択本願」になるでしょう。

「憐愍善悪凡夫人　真宗教証興片州　選択本願弘悪世」の「選択本願」ということを、当時の仏教の考え方の中において明らかにした。選択本願「を」仏教のなか「に」明らかにしたという表現だと思います。阿弥陀仏が念仏を称えるだけでいいと、阿弥陀仏の方が私たちのために選んだ願いであったということを、当時の仏教思想のなかにおいて明確にされたということです。

それは、仏さまの世界を念ずる観仏が中心で、称名の念仏はその補助的な、劣ったものだという当時の出家仏教の伝統を覆し、聖なる自力の行を無効にしかねないものでした。さらには称名念仏「も」大事なのではなく、「ただ念仏のみ」でいいという教えは、どんな力のない人でも等しく救われていくということになり、その教えは社会や体制の秩序を揺るがすもの、国家の権力と結びついた権威ある叡山の仏教と対立するものでした。それが法然教団に対する弾圧となり、流罪の根本要因になっていきました。

（2021・10放送）

第41話　源空（法然）②

念仏のなかに生活がある

阿弥陀仏によって選ばれた本願念仏なのだから、それに応えるよう法然上人は「現世を過《す》ぐべきようは、念仏の申されん方《かた》によりて過ぐべし。念仏の障《さわ》りになりぬべからんことをば厭《いと》い捨《す》つべし。」（「和語灯録」）即ち、この世は、念仏と出会って念仏を称え続けるための所だから、念仏を第一にして、念仏のさまたげになるようなものは捨ててしまいなさいといわれ、次のように言われました。

家に留まって称えることができなければ、遍歴して称えなさい。遍歴して称えることができなければ、家に留まって称えなさい。一人で称えることができないなら大勢の中に入って称えなさい。大勢の中で称えられないなら、一人こもって称えなさい。

妻子を持って称えられないなら持つべきではない。土地や財産も念仏の助けになるならば大切であり、妨げになるなら持つべきではないなどと、生活のなかに念仏があるのではなく、念仏のなかに生活があるという純粋な徹底した念仏中心主義です。それは激変する五濁「悪世」の時代において、阿弥陀仏が選んだ本願念仏への揺るぎない応答であったように思います。

片州・悪世の日本に

年表に照らして法然上人の時代を見ていくと、まさに激動の時代であることが分かります。保元・平治の乱で貴族社会から武家社会に変わり、やがて「平家にあらずんば人にあらず」と全盛を極めた平家が壇之浦で滅びます。法然上人が80歳で亡くなられるときに書かれた鴨長明の「方丈記」を見ると、京都にはそれまでに大きな火災があり、つむじ風が吹き、清盛が亡くなったときには養和の大飢饉があり、京の街中に4万２３００を超える餓死者がでたとあり、その後も疫病の流行や大地震が続きました。

そんななか、法然上人66歳のとき発表されたのが、念仏のみで誰でもが仏になれるという「選択本願念仏集」でした。時代背景を思うと、法然上人の教えは末世を照らす光り輝く教えだったでしょう。その3年後の69歳の年に、親鸞さまが法然上人のもとに入られます。お二人はちょうど40歳違いでした。しかし、それからわずか6年後の75歳の年、親鸞さまが35歳の年に、それぞれ土佐と越後に流罪になられました。

「正信偈」は「憐愍善悪凡夫人　真宗教証興片州　選択本願弘悪世」と続きます。法然上人のもとには名もなき民衆のみならず、時の関白・九条兼実や皇室にゆかりのある人も集まり受戒しました。世俗の立場はどうであれ、如来の下では皆、煩悩を抱えた凡夫でありました。如来の選択された本願の念仏を真宗（真の宗《むね》）とする教えは、かならず証《さとり》に至る道であることが明らかになりましたから、政変や天変地異や念仏への弾圧が続くなかでも、いよいよ弘まっていくのでありました。

ここで、親鸞さまは日本のことを「片州《へんしゅう》」と言っておられます。また、和讃では「粟散片州《ぞくさんへんしゅう》」と、粟《あわ》をちりばめたような片隅の国という表現は、唐天竺の思想の偉大さを知りつつも、仏教の究極的なかたちが確立されたのは、仏教の発祥の地でも発展の地でもない、世界の片隅の日本であった。仏教の〝真の宗〟真宗とは、誰でも等しく仏になれるという法然上人の選択本願の念仏の教えだったということでした。

漁師への説法

誰でも等しく仏になれるということは、具体的にどんな意味を持っていたでしょうか。法然上人が流罪の途中、播磨《はりま》の国（兵庫県）で年老いた漁師夫婦が問いを投げかけます。「私どもは毎月多くの魚を殺して暮らしている。ものの命を絶つものは地獄に堕ちると聞いている。どうすれば助かることができるだろうか」と。法然上人は「殺生をするものでも、念仏すれば阿弥陀如来は必ず救ってくださる」と丁寧に教えられたとあります。（『四十八巻伝』）

これに対し、今の私たちはどのように考えるでしょうか。自分が稼いだご褒美として、地元の氷見牛か名水ポークか、カニもブリもうまい季節になってきたと笑うだけのことでしょう。しかし、牛も豚も魚も、人に食べられるために生きているのではありません。生き物は生きるために食べなければなりません。食べることとは、他のものの命を殺すということです。生きるということの一番根本には殺すということがあります。殺生を問う意味はここにあります。

イスラム教徒は肉を食べるために「供犠《くぎ》」生贄《いけにえ》の儀式をします。動物の血（ブラッド）は生き物を生かしている神聖なもので、神と人とを媒介するものという観念があります。神に生贄をささげる儀式によって、生きるために殺さねばならないというジレンマが許されていきます。キリスト教では十字架上のイエスの血が、生きるために殺さねばならないという人間の殺生の罪を一手に引き受けることになっていると私は理解しています。

殺生は拭い去ることのできない人間の罪業のようなものです。殺生するものは地獄に堕ちると思っていることは、拭い去ることのできない人間の罪業に対して繊細であるということです。この罪業を知るものは、それに鈍感で無関心な現代人よりも、ずっと深く優しい心をもっています。法然上人の「念仏すれば必ず救ってくださる」という言葉は、罪業を見つめる漁師の優しい心に向けて発せられた言葉だというべきでしょう。

誰でもが念仏によって仏になれるとは、後の世の良き結果が約束されるという単純なことではないでしょう。能力も財力もどんな力がなくとも、どんな生業をしていようとも構わないという、懸命に生きている誠実な人々の生きるエネルギーを肯定し、輝かせる教えだったのだろうと思います。それが「選択本願の念仏」という新しい仏教の誕生でありました。

（2021・11放送）

第42話　源空（法然）③

法然上人の3回目、最後です。阿弥陀仏が自ら選び、私たちに届けてくださった選択本願の念仏を、後は私がいただけるかどうか。信じられるかどうかということです。これは各人が主体的に取り組むべきことです。

それが結びの文、「還来生死輪転家　決以疑情為所止」（生死輪転《りんでん》の家に還来《かえ》ることは、決するに疑情をもって所止とす。）「速入寂静無為楽　必以信心為能入」（すみやかに寂静《じゃくじょう》無為の楽《みやこ》に入ることは、必ず信心をもって能入とす、といえり）というところです。

生死流転ということ

「生死輪転の家にかえる」とは、選択本願の念仏に出会わなかったなら、再び生まれ変わるとしても、ただ空しい迷いの人生を繰り返すだけであろう。そうならないためには「決以疑情為所止」、阿弥陀仏の本願の心を疑うということを止めなければならない。そして「速入寂静無為楽」、すみやかに安らかな悟りの世界に入るには「必以信心為能入」、本願の心を信ずるということに尽きるのだと結ばれます。

「決するに」という字、「必ず」という字、これははっきりとした結論が示されているということです。「生死輪転」の「輪」は輪廻のこと、「転」は転生《てんしょう》のこと、生まれて死する迷いの命が果てしなく繰り返されていくという生命観です。どこに行くかわからない流転輪廻の、空しく終わっていくだけの命に終止符を打ち、阿弥陀仏の浄土に向けて新しく生まれていく人生を送っていこうではないかと力強く結ばれています。

流転に終止符を打つ

輪廻転生の生命観はインド人の基本的な考え方です。インドにバラナシ、かつてベナレスとよばれた所があります。私は35年前に行き、カルチャーショックのような体験をしました。ガンジス河の岸辺には、人を火葬する露天の焼き場があります。なかには、材木が足りなくて半焼けになった遺体も含めて、ガンジス河に流されます。そして、その近くで河に入り、口を漱《すす》ぎ沐浴し祈りをささげる人がいます。さらにそのすぐ下流には、石に衣類をたたきつけ洗濯するカーストがいます。

それは、生と死が混然一体になっている、清潔という観念も汚濁という観念も人間が思い描いたものに過ぎず、その境がなくなってしまっている光景です。生と死は一つに結びついた出来事であり、聖なるものも穢れたものも区別がなくなり、むしろ逆転して、死とは忌まわしいものではなく、むしろ聖なるものであり、生きることは濁った不浄なるものであることを突き付け、生も死もその本来の意味を失い、すべてが大自然の営みの一コマのように映ります。

河の水はやがて海に至り、太陽の熱に暖められ雲になり雨になり、そしてまた大地に降り川に流れていく。この自然の流れの繰り返しのなかに人間の一生もあり、この大自然の営みに無量寿なる永遠の命のはたらきのようなものを感じるなら、ある意味で死の救いのようにもなるでしょう。

ヒンドゥー教はもちろんですが、かつて小乗仏教と呼ばれたアジアの南伝の仏教には、この輪廻転生が深く信じられています。しかし、修行を積み重ね、仏の悟りの世界に生まれていくのではなく、それには限界がありますから、今よりもより良き境遇に転生することを願うことが信仰の中心になっています。そこには流転に終止符を打つという大乗仏教の観念が、ほとんどないといってもいいようです。

無量寿なる永遠の命

思うようにならないのが人生であり、思うようにならないことが憂いや悩みや苦しみとなります。それが分かっていても、どんな状況になろうとも、私たちはまず自分の力で思うようにしたいと思い、いよいよそれが間に合わなくなって、こんなはずではなかったという喪失感、拠り所を亡くし孤独のなかで悶々とする状態、それが空しい流転の感覚となります。

お釈迦さまは、転生する命とは人間の迷いの境遇が果てしなく繰り返されることであり、それに終止符を打つことを目指されたのでした。本当の無量寿なる永遠の命とは、生まれ変わりを繰り返す循環する命ではなく、また、よりよい境遇に生まれることでもなく、まさに悠久の寿（いのち）

として生きること、無量寿のはたらきそのものになるということでした。

これが浄土に往生するということでした。往きて生まれると書く「往生」とは、永遠なる浄土に誕生し如来大悲と一体になって、これからずっと生きとし生けるものの喜びや悲しみに関わるものになっていこうということであり、そのように生きんとする生き方でありました。

輪廻転生の命を捨てて、浄土に生まれていくには「疑情をもって所止とす」でした。自力作善《さぜん》、すなわち自分の力、自分の計らい、あてにならない自分を信じないということ。そして、如来大悲の結晶である選択の本願に身を任せて生きるということ、これが「正信偈」の結論です。それはしかし、とても大変な、難しいことでしょうか。

最後に「徒然草」に出てくる法然上人のことを紹介してみましょう。ある人が念仏申す最中に、眠たくなるのをどうしたらいいでしょうかと尋ねたところ、法然上人は、ならば目のさめているときに念仏すればいいと答えられた。「いと尊かりけり」とあります。(39段)また、「疑ひながらも念仏すれば、往生すと言はれけり。これまた尊し」とあります。

人は眠たくもなり、疑いもするのです。そんなこと、既に仏さまはお見通しのこと。無理のない法然上人の人となりに、深い尊敬の念がはらわれています。流罪と死罪につながった研ぎ澄まされた選択本願の念仏でしたが、ひょっとしてこのような人間への寛容な背景があったからこそ、念仏の教えは今日まで伝わってきたのかもしれません。

(2021・12放送)

弘経大士宗師等　拯済無辺極濁悪
道俗時衆共同心　唯可信斯高僧説

弘経《ぐきょう》の大士・宗師等、無辺の極濁悪《ごくじょくあく》を拯済《じょうさい》したまふ。
道俗時衆《じしゅう》ともに同心に、ただこの高僧の説を信ずべしと。

以上、浄土の本願念仏の教えを弘めてこられた7人の菩薩や祖師がたは、私をはじめ、濁りきった世の数限りない人々を導いてこられました。
出家の人もそうでない人も、今の世を生きるすべての人々に申し上げます。どうか心を同じくして、ただこの高僧がたの教えを信じてくださいますように…と。

第43話　結勧（未完の仏）

結びに「と」を付けて

いよいよ親鸞聖人の「正信偈」の最後の結びです。「弘経《ぐきょう》の大士・宗師等、無辺の極濁悪を拯済《じょうさい》したまう」。「大士」はインドの言葉、ボーディ・サットヴァ（菩薩）の漢訳、「宗師」は「真宗の祖師」ということ。今までお話ししてきた七高僧の方々です。

お釈迦さまの教え（お経）を弘め、念仏を伝えてくださった7人の高僧方は、数限りない濁悪な私たちを「拯済」、水の中に溺れるかのような濁悪な私たちを一斉に等しく救いあげて、仏さまの世界に導いてくださいました。（拯は救う、済は斉《ひとし》、一斉にという意味。）

そして、「道俗時衆共同心」（道俗時衆、共に同心に）出家した人もそうでない人も、どうか今の世を生きる人は、ともに私（親鸞）と心を同じくして、「唯可信斯高僧説」（ただこの高僧の説を信ずべしと。）この高僧方の説を信じてくださるようにと結ばれます。

「信ずべし」で終わらずに、わざわざ「と」の送り仮名を付けて「信ずべしと」と、「と」で終わるのは、「以上は、あてにならない自分の主張ではなく、ただただ7人の高僧方によって伝えられてきた念仏の確かな歴史なのです」ということでしょう。

布教の現場で讃題の後に「〜と」を付けるのも、私の主張ではありませんと、この「正信偈」の結びに習ったのでしょう。小林秀雄は「人に教えようとすることばに教えられたものは、いまだかつて一人もいない」と言っていましたが、自ら教えられたという教えだけが、人に伝わっていくということでしょう。さて、「正信偈」の最後に当たり、以下は私なりの結びです。

広由本願力回向（世界が二つになる）

仏教とは仏さまになる教えです。仏さまとはさとりの智慧を獲て大慈大悲に生きるものといえるなら、今の私は、仏さまでない、未完のものであるということです。それは仏道を歩むものにとっては、人間とは〝未完の仏さま〟であるということです。

未完である理由は、人間は煩悩を抱えたものであるということです。「欲もおほく、いかり、はらだち、そねみ、ねたむこころおほくひまなくして」（「一念多念証文」）と親鸞さまはいわれました。煩悩は身や心を楽しませるものではありますが、それには限りがあり続かないものであり、思うようにならない、時には何をしでかすか分からない恐ろしいものであり、人間の悩み苦しみの原因となるものです。

もし、この煩悩が自覚され頷《うなず》けることになれば、それは自分を中心にして、ものを認識し行動している私が、限りなく相対化されるということです。私を中心に絶対視するところに、いかり、はらだち、そねみ、ねたみが起こってくることになりますが、そんな煩悩を抱えている悪しき私の姿が見えてきて、相対化されてくる。これが〝未完の仏さま〟ということです。

私を相対化し煩悩具足であることに気づかせ頷かせるのは、相対的な力ではなく超越的な力（はたらき）です。私を照らし、私に呼びかける彼方からの働き、これを親鸞さまは「本願力回向」と押さえられました。

私が相対化されるということは、この私しか、この世だけしかないと思っていた私に、もう一つの世界が見えてくるということです。世界が二つになるということです。私を中心とする眼《まなこ》から、もう一つの複眼的な眼が開かれることによって、相手の思いや立場が見えてくるということです。

それは、人と人が上下のない同じ立場に立って、むしろ弱きものの痛みを共にせんとする心が開かれてくるということです。そこに〝利他〟という仏教が目指した世界があります。

重誓名声聞十方（仏の行—私の信）

私の自己中心性を破ってくる彼方からの本願の力（回向）は、「重誓名声聞十方」と、名となり声となって十方に聞かしめんと誓われた阿弥陀仏（法蔵菩薩）の思惟《しゆい》に依るものでした。人間の煩悩、私の自己中心的思惟を破るものは、人間的な分別の言葉ではなく、五劫にわたる仏さまの思惟の言葉「ナモアミダブツ」の呼び声でした。この言葉の〝不思議の力〟を聞き開き理解することが、私たちの〝聴聞〟という仕事です。

仏道を歩むことは未完の自己を高め、人間を完成させていくということが基本でした。そのためには定められた自力の諸行が必要とされましたが、本願が私に回向している「行《ぎょう》」（名声《みょうしょう》の力）を私が「信」じ、いただいていくことによって、仏さまの方から人間を完成させていく他力の道が親鸞さまによって示されたのです。それはどんな力のない者も仏になれるという、念仏の教えを説いた7人の高僧方が明らかにされた歴史でもあったのです。

私が人として生まれたということは、例えばヒマラヤの頂上のような高さから垂《た》らされた長い糸が、私が手に持つ小さな針の穴の中に通るようなことであり、それ以上に仏法を聞くということは、広大な海に浮かぶ査《うきき》（小さな木片）に出遇うような出来事であるといわれました。（覚如「報恩講私記」）

また、「人には、おとる（劣る）まじき、と思ふ心あり」とは蓮如上人の言葉（「御一代記聞書」）でした。自分の力を当てにすることから抜けきれない私が、私を相対化する仏法に耳を傾けることができたということは、本当に不思議なことでした。大慈大悲の如来の「行」であるナモアミダブツをいただいていく、正しく「信」じていく、「仏の行―私の信」という結びつきの原点に向かって、〝未完の仏〟という道を歩んでいく。これが「正信偈」から教わった一番のことでした。

3年半にわたり、お話をさせていただきました。お聞きくださった皆様に心より感謝いたします。よきご縁、ありがとうございました。

（2022・1放送）

第44話　余話　浄土はどこに

複眼の感性

今の時代、私たちが親鸞さまから学ぶべきことは、生涯を貫く〝複眼の眼《まなこ》〟を持つということに尽きると思います。（以下は図を使った補足の余話です。）

これは蓮如上人の言葉ですが、「ひとたび仏法をたしなみ候ふ人は、おほやうなれどもおどろきやすきなり」（『御一代記聞書』）といわれました。親鸞さまの教えに心を寄せる人は、大らかだけれども「おどろきやすき」繊細な感性をもっているということです。この繊細な感覚を「複眼の感性」と表現したいと思います。そして、この複眼の眼が宗教における一番大切な感覚であり、人生を豊かにするものだと思います。

複眼の眼をもつことは私自身が相対化され、もう一つの世界が開かれてくることです。もう一つの世界とは私を超えた超越的世界であり、この二つの世界に生きることが複眼の感性を持つということです。そこで、浄土のことについて考えてみましょう。

どこにイメージするか

まず私の人生を矢印の直線で書いてみることにします。**（図1）** 生まれれば（A点）必ず死というもの（B点）がやってきます。現在どの時点にいるのか分かりませんが、仮に（C点）を今の私の位置としましょう。そこで、この図でもう一つの世界、浄土をイメージするとしたら、どの位置にあるとしますか？

（B点）の左先（D〜）にイメージしませんか？　そうだとすると、そこは極楽浄土ではありません。そこは流転輪廻を重ねる迷いの世界、死後の冥界《めいかい》といわれる世界、いわゆるこの世に続く「あの世」です。私が死ねば暗い世界に行って、生きている人からその幸せを祈ってもらわねばならない「ご冥福をお祈りします」といわれる世界です。

（図1）

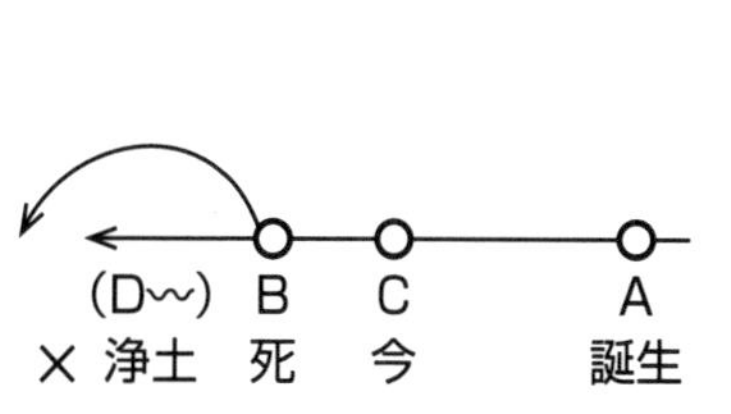

では、浄土をどこにイメージすればいいでしょうか。「極楽は常住《じょうじゅう》の国なり」（「御文章」）といわれるように永遠なる世界です。永遠なる世界とはこの世を超えた世界です。彼岸といわれるように、この世を超えたビヨンドの世界ですから、次頁の**（図2）**のなかの上の方にイメージすべきです。これで世界が二つになります。

彼岸に対しこの世を此岸《しがん》といいますが、私たちが生きているこの世が煩悩具足の娑婆世界、「欲もおほく、いかり、はらだち、そねみ、ねたむこころおほくひまなくして」（「一念多念証文」）という迷いの世界です。それを超えた浄土は「法身《ほっしん》の光輪きはもなく　世の盲冥《もうみょう》をてらすなり」

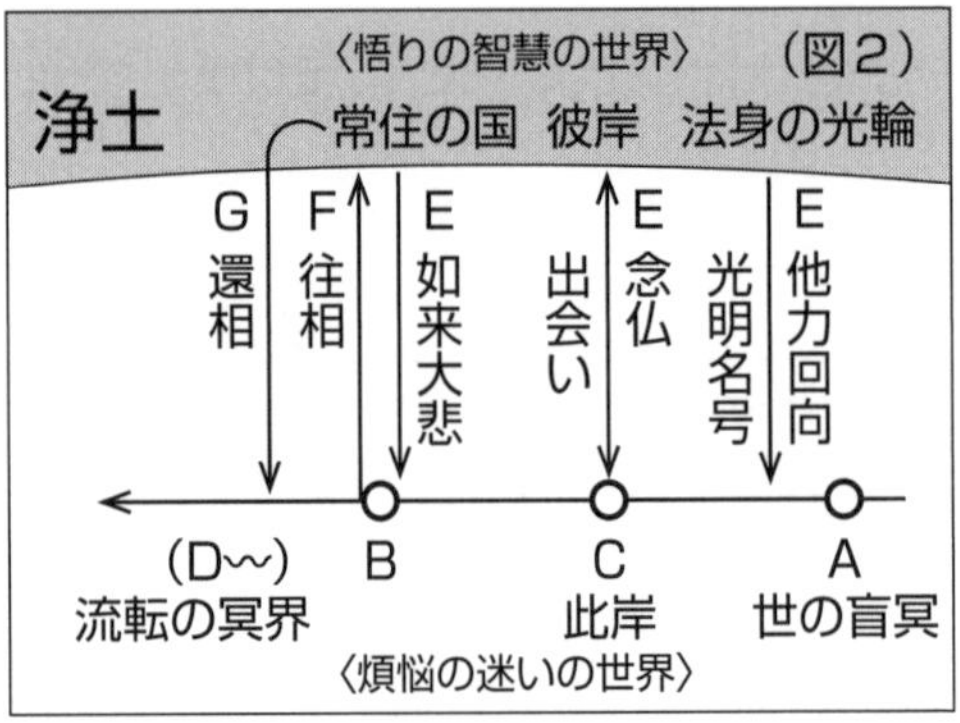

（「浄土和讃」）といわれる光の世界であり、この世の迷いの闇を照らす世界です。（↓E）

永遠なる常住の世界ですから、死の（B点）においてのみ関わるのではなく、いつでもどこでも誰にでも、（C点）にいる私を今も照らしています。どう照らすのか、ナモアミダブツの呼び声となって私に働いています。念仏は「私が仏を念ずる」と読めますが、親鸞さまの念仏は「私を念ずる仏」に出会うと読めばいいのです。念仏申す（C点）の今、彼岸と此岸が出会い（↕E）、そこに複眼の眼が開かれてきます。

End ではなく Start

もう一度、**（図2）**を見てください。（C点）において如来大悲を受け止めている私に（↕E）、やがて（B点）の死が訪れてきます。私はその先の左の流転の世界（D〜）に行くのではありません。そのとき如来の力により私は浄土への矢印の（↑F）線に生まれるものとなります。迷いの世界に流転輪廻しないものとなります。しかし、これで極楽往生の the End になるのではありません。これから始まる Start が親鸞さまの教えです。

親鸞さまの和讃、「弥陀の回向成就して　往相還相《おうそうげんそう》ふたつなり　これらの回向によりてこそ　心行《しんぎょう》ともにえしむなれ」。（「高僧和讃」）サンサンと私を照らす如来大悲（↓E）は、まず私をして仏さまにしようと働いています。これを往相といいます。（↑F）線です。

その往相の働きは同時に、（G↓）線のように仏さまの世界に生まれた私を浄土から出さしめ、苦悩する者を救う如来大悲に参加せしめんとする働きなのです。これを還相といいます。（↑F）で生まれた浄土は苦しみの避難所ではありません。逆に、よろこんで苦しみに関わることができる（G↓）線に生きる還相の菩薩をつくりだす世界です。

仏さまの世界に往くこと（往相）は、そのまま仏さまの世界から出る（還相）ということです。「入る」ことは「出る」ことなのです。仏さまとは苦悩の有情を救うためにもともと（↓E）線のように、浄土から出て如来大悲の仕事をされるわけですから、浄土とは横になって休むようなヌクヌクとした場所ではなく、人の喜び悲しみを共にせんとするものになる、というところです。

課題をいただく

浄土に往くことは、如来大悲の大いなる働きの中に生まれ変わるのです。如来の他力回向（↓E）のなかに、私をして（↑F）（G↓）させる働きがあるのです。

それは（C点）の今の私にはできないことですが、往生浄土の道を歩むということは、仏さまの大いなる仕事にやがて（B点）で参加するものになるということです。死は滅びではなく、浄土への誕生です。如来の力によって彼岸の永遠なる世界に生まれていくという往相と還相の確信を（C点）の今、獲るのです。

往相・還相の大悲を仰いでいくということは、私自身が育てられていくということです。別の言葉で言えば、仏さまから「生涯を貫く大きな課題をいただいていく」ということではないかと思います。「複眼の感性」とは命尽きるまで、社会の問題に関心をもち、新たなる課題を発見していくという感性です。私に最後まで成すべき課題があるとしたら、とても幸せなことではないかと思います。

親鸞さまの教えに接して、私は複眼の眼を知り、世界が二つになる感性に触れました。もし、親鸞さまに出会わなかったなら、浄土に向けて歩むということを知らず、人生は（**図1**）のような深みのない、世俗の価値に埋没するだけの平たいものになった気がします。今回のお話で、親鸞さまが少しでも身近に感じられることになれば、とても嬉しく思います。

（初出「我聞如是」富山仏教学会紀要14号要約）

あとがき

本書はＦＭ「ラジオたかおか」(76・2MHz)で２０１８(平成30)年８月から２０２２(令和４)年１月まで、毎月金曜日ごとに放送(再放送)された親鸞聖人の「正信偈」(帰命無量寿如来)の10分間法話に、一部加筆して現代語訳(試訳)を加えたものです。

北陸は浄土真宗が盛んで、真宗王国といわれましたが、それはもうほとんど過去のことです。それでも地元の放送局より、法話番組を作りたいとの相談があり、これは奇跡のような企画ではないかと、できる限りの力を注いできました。

「正信偈」は浄土真宗の流れをくむものにとって、最も親しまれ声に出して〝おつとめ〟されるものです。しかし、念仏の深い教えを七言《しちごん》に整える「偈」(うた)という制約もあり、身近でありながら最も難解なものだといえます。では、それをどう語ればいいのでしょうか。

小学校の校庭や会社の敷地に、薪をかずく二宮金次郎の像が建っています。その銅像銘文に、「経済なき道徳は戯言《ざれごと》であり、道徳なき経済は犯罪である」と彫られたものがあります。経済と道徳は生活の両輪。霞《かすみ》を食っての口上は誰も相手にしないが、私利私欲の追求ならば恥ずべきことである。

同じように、その昔の大哲学者・カントの言葉、「概念なき直観は盲目（無知）であり、直観なき概念は空虚である。」よくレトリックとして使われますが、両者をもじるとこう言いたいと思います。「教学なき法話は戯言であり、法話なき教学は空虚である」と。教学と法話は両輪である。法話にまでならない教学とは、化石のようなものではないか、私はずっとそう思ってきました。ならば、「正信偈」のなかに響いている宝石のような鼓動を、法話として伝えることができないだろうか。そんな、いささか気負った思いで話してきました。

まもなく親鸞聖人ご誕生八五〇年・立教開宗八〇〇年を迎えます。コロナ禍の激変する時代のなか、宗門では創意工夫による「伝わる伝道」が模索されています。もとより越中の一住職のラジオ法話にすぎないのですが、手に取ってくださり、ご叱正くだされば誠に嬉しく思います。

2022年7月

土岐慶正

土岐　慶正（どき・けいしょう）

1949（昭和24）年生まれ
龍谷大学大学院修了（哲学）
浄土真宗本願寺派専福寺住職
中央仏教学院講師、高岡教区関野組長、高岡仏教協会長
などを務め、現在高岡保育園理事長
著書に『親鸞の智慧』（永田文昌堂）
『心のかたち（北日本新聞連載エッセー）』（桂書房）
『そよ風のように（富山新聞連載コラム）』（富山新聞社）
『ラジオde歎異抄（ラジオたかおか放送）』（富山新聞社）ほか。

〒933-0927　富山県高岡市利屋町32
ホームページ　takaokasenpukuji.jp
（著者の法話が聞けます）

ラジオ法話　親鸞　正信偈

令和四（二〇二二）年九月一日　第一刷発行

著者　土岐慶正
発行者　永田悟
印刷所　㈱図書印刷同朋舎
製本所　㈱吉田三誠堂
発行所　永田文昌堂
600-8342　京都市下京区花屋町通西洞院西入
電話（〇七五）三七一―六六五一番
FAX（〇七五）三五一―九〇三一番

ISBN978-4-8162-6257-9 C1015